Kerstin Bacher / Kerstin Egouli

„Jedes Kind ist anders!"

Highlights der Montessori-Pädagogik für Kinder
mit sonderpädagogischem Förderbedarf

Auer Verlag GmbH

Gedruckt auf umweltbewusst gefertigtem, chlorfrei gebleichtem
und alterungsbeständigem Papier.

2. Auflage. 2006
© by Auer Verlag GmbH, Donauwörth
Alle Rechte vorbehalten.
Das Werk und seine Teile sind urheberrechtlich geschützt. Jede Nutzung in
anderen als den gesetzlich zugelassenen Fällen bedarf der vorherigen schriftlichen
Einwilligung des Verlages. Hinweis zu § 52 a UrhG: Weder das Werk noch seine
Teile dürfen ohne eine solche Einwilligung eingescannt und in ein Netzwerk eingestellt
werden. Dies gilt auch für Intranets von Schulen und sonstigen Bildungseinrichtungen.
Fotos im Materialteil: Kristian Rüdiger, Köln
Zeichnungen: Kerstin Bacher
Satz: Fotosatz H. Buck, Kumhausen
Druck und Bindung: Ludwig Auer GmbH, Donauwörth
ISBN 978-3-403-03208-3
ISBN 3-403-03208-6
www.auer-verlag.de

Inhaltsverzeichnis

Zur Idee unseres Buches 4

I. „Jedes Kind ist anders" 5

Der Ursprung der Montessori-Pädagogik
in der Sonderpädagogik 6
Die Wiederentdeckung der Montessori-
didaktik für die Sonderpädagogik 8
„Wie erlerne ich den Umgang mit den
Materialien?" und weitere Fragen 12

II. Materialien für den Bereich Sprache 15

„Motiviert lesen lernen" 16
Grundlegende Informationen 16
Beschreibung einzelner Arbeitsmittel
und -verfahren 18
Erstes Lesen: 21
    lautgetreue Lesedosen 21
        Zusatzmaterialien 22
    Phonogramme 24
        Zusatzmaterialien 27
    Motiviert weiterlesen 30
        Zusatzmaterialien 30

„Aktiv die Funktionen der Wortarten erfahren" 40
Grundlegende Informationen 40
Einführung in die Funktion der Wortart: 43
    Substantiv mit Artikel 43
        Zusatzmaterialien 45
    Adjektiv 46
        Zusatzmaterialien 48
    Verb 49
        Zusatzmaterialien 52
    Präposition 54
        Zusatzmaterialien 55
    Konjunktion „und" 56
        Zusatzmaterialien 57

III. Materialien für den Bereich Mathematik 58

„Keine Angst vor großen Zahlen" 59
Grundlegende Informationen 59
Numerische Stangen 62
Sandpapierziffern 68
Numerische Stangen und Ziffernbrettchen 70
    Zusatzmaterialien Zahlenraum 1-10 72
Einführung in das Dezimalsystem 76
    Goldenes Perlenmaterial 76
    Großer Kartensatz 80
    Goldenes Perlenmaterial und Kartensatz 83
Einführung in die Grundrechenarten 86
    Grundrechenart: Addition 88
    Grundrechenart: Multiplikation 91
    Grundrechenart: Subtraktion 93
    Grundrechenart: Division 95
Das Markenspiel 98
Streifenbrett zur Addition 100
Kleines Multiplikationsbrett 106
Divisionbrett 109
Grundrechenarten Zusatzmaterialien 113

IV. Kopiervorlagen 119

V. Anhang 173

Zur Idee unseres Buches

Montessori-Pädagogik für die Sonderschule

„Die Hände sind das Werkzeug der menschlichen Intelligenz"
(Maria Montessori 1989/24)

Montessori-Pädagogik wird heutzutage zumeist an Regel-Grundschulen durchgeführt, die nach dem Konzept Maria Montessoris arbeiten. Voraussetzung dafür ist das Montessori-Diplom, das in erster Linie auf die Ausbildung von Erzieherinnen in Kindergärten und Grundschullehrerinnen ausgerichtet ist. Ganz in Vergessenheit geraten ist die Tatsache, dass der Ursprung der pädagogischen Ideen von Maria Montessori im Unterrichten von Kindern mit sonderpädagogischem Förderbedarf liegt.

Unser Einblick in verschiedene Sonderschulformen hat uns gezeigt, dass der Einsatz von Montessori-Materialien bzw. die Arbeit nach den Prinzipien der Montessori-Pädagogik nur selten praktiziert wird, obwohl sie gemessen an den individuellen Bedürfnissen der Schülerinnen und Schüler geradezu ideal wäre. Erfolgreich eingesetzt haben wir verschiedene Montessori-Materialien an Schulen für gehörlose, für lernbehinderte und für erziehungsschwierige Kinder sowie in der Integration gehörloser Kinder an einer Montessori-Grundschule. Dabei war es erstaunlich zu sehen, wie die Kinder auf die Materialien ansprechen. Der Einsatz von Montessori-Materialien eröffnet gerade Kindern mit sonderpädagogischem Förderbedarf Möglichkeiten, sich schwierige Lerninhalte handlungsorientiert über unterschiedliche Zugangsweisen zu erobern, denn „Jedes Kind ist anders!"

Die zwei Bände der Grundschullehrerinnen Christel Fisgus und Gertrud Kraft „Hilf' mir, es selbst zu tun" und „Und morgen wird es wieder schön" haben uns im weiteren zu diesem Buch inspiriert. Wir beide sind so begeistert von den vielen Ideen und Anregungen in diesen Büchern, dass wir sie vielen unserer Kolleginnen und Kollegen empfohlen haben. Dabei stellte sich heraus, dass diejenigen, die bisher noch keine Erfahrungen mit der Montessori-Pädagogik haben, Probleme bei der konkreten Anwendung der Materialien sowie bei der Integration dieser in ihren Unterricht haben.

Diese Situation hat uns dazu gebracht zu überlegen, wie man den Einsatz von Materialien nach den Leitprinzipien Montessoris gestalten könnte, um sie auch ohne Vorerfahrungen in die verschiedenen Unterrichtsformen einbeziehen zu können.

So entstand der Aufbau unseres Buches. Zunächst haben wir Original Montessori-Materialien herausgesucht, die uns ideal für die individuelle Förderung **aller Kinder**, aber insbesondere für Kinder mit sonderpädagogischem Förderbedarf, erscheinen; unsere „Highlights" eben.

Entsprechend der ursprünglichen methodisch-didaktischen Prinzipien nach Montessori haben wir die Einführung der Materialien beschrieben. Die zahlreichen Bilder unterstützen die Einarbeitung in die spezifische Vorgehensweise. Anschließend zeigen wir Möglichkeiten zu deren eigenständigen Herstellung auf.
Im Anschluss an die Einführung eines Materials folgen Zusatzmaterialien, mit denen die neu erlernten Fähigkeiten geübt, vertieft und teilweise auch erweitert werden. Um den Einsatz in den verschiedenen Unterrichtsformen zu gewährleisten, gibt es immer auch mehrere Übungen mit gleichem oder ähnlichem Anforderungsniveau, was zum Beispiel für den Einsatz im Rahmen von Werkstattunterricht bedeutsam ist.

Wir möchten mit diesem Band viele Kollegen ermutigen, die von uns ausgewählten Materialien im Unterricht bei Kindern mit sonderpädagogischem Förderbedarf einzusetzen. Die Materialien ermöglichen eine sehr handlungsorientierte und kindgerechte Gestaltung des Unterrichts, was den Leitprinzipien Montessoris entspricht, denn *„die Hände sind..."*!

I.
Jedes Kind ist anders!

| Jedes Kind ist anders! | Der Ursprung der Montessori-Pädagogik in der Sonderpädagogik |

> *„Wir sprechen einem Samen nicht jede Wichtigkeit ab, sondern wissen, dass der Samen schon die Pflanze in sich trägt und dass eine Pflanze aus ihm entstehen wird, wenn man ihn ausstreut und pflegt.*
> *Doch die Erkenntnis, dass in jedem Kinde der Samen liegt, der zu einem Erwachsenen reifen wird, hat man noch nicht realisiert."*
> *(Maria Montessori 1990/25)*

Maria Montessori – eine faszinierende Frau

Maria Montessori (1870-1952) war eine engagierte Reformpädagogin, deren pädagogisches Konzept bis heute nicht an Aktualität verloren hat und in vielen Regelschulen Anwendung findet.

Montessori studierte zunächst Mathematik und Naturwissenschaften. Im Anschluss daran errang sie die Erlaubnis, als erste Frau Italiens ein Medizinstudium zu absolvieren, das sie 1896 mit Promotion beendete.

Im Rahmen ihrer ärztlichen Tätigkeit in einer psychiatrischen Klinik bekam sie Kontakt zu geistig retardierten Kindern. Von dem jämmerlichen Dasein dieser Kinder berührt, beschloss sie, sich intensiv mit dem Thema Heilpädagogik zu befassen.

Beeindruckt und angeregt von den Arbeiten der französischen Ärzte Seguin und Itard nahm sie schließlich 1902 das Studium der Pädagogik auf. 1907 übernahm Montessori in einem Armenviertel von Rom ein Kinderhaus und konnte erstmalig die Idee ihrer vorschulischen Erziehung verwirklichen.

Montessori kritisierte insbesondere die Annahme der Erwachsenen, es sei deren Pflicht, den Charakter des Kindes zu formen. Sie bezeichnete das Kind als „Baumeister des Menschen" (Montessori 1987/46) und drückte damit ihre grundlegend andere Sichtweise über das Kind aus. Montessori entwickelte auf der Grundlage ihrer Erkenntnis über die inneren Kräfte des Kindes ihr pädagogisches Konzept, das die Selbsterziehung des Kindes in den Mittelpunkt des schulischen Alltags stellt. In einer didaktisch vorbereiteten Umgebung soll das Kind eigenverantwortlich und selbsttätig aktiv sein (vgl. Montessori 1987/1990/1994).

Die Auseinandersetzung Montessoris mit der damaligen Sonderpädagogik

Ganz in Vergessenheit geraten ist die Tatsache, dass der Ursprung der pädagogischen Ideen von Maria Montessori im Unterrichten von Kindern mit sonderpädagogischem Förderbedarf liegt. Durch die Begegnung mit geistig retardierten Kindern im Rahmen ihrer ärztlichen Tätigkeit wurde Montessori auf den pädagogischen Missstand aufmerksam, den diese Kinder betraf. Sie stieß bei ihrer Arbeit auf die Schriften der französischen Ärzte Itard und Seguin, die sich beide mit der Förderung von Menschen mit geistiger Behinderung beschäftigten. Seguin orientierte sich seinerseits neben Itard auch an Pereira, einem der ersten Gehörlosenlehrer Frankreichs. Die Veröffentlichungen von Itard und Seguin weckten ihr Interesse an der Auseinandersetzung mit den Erziehungs- und Bildungsmöglichkeiten für Kinder mit geistiger Behinderung. Bei der Entwicklung ihres didaktischen Ansatzes wurde sie demzufolge stark von den Erfahrungen und Ideen der beiden Franzosen beeinflusst. Besonders von Seguin hat sie viele Materialien zur Förderung der Kinder und Anregungen für weitere Materialien übernommen. Deutlich unterschieden hat sich Montessori von Seguin und Itard in ihrer besonderen Sicht über die kindliche Entwicklung und in ihrer Methode des Umgangs mit Kindern. Ihre zentrale Idee war es, diese Kinder zu fördern und zwar so, dass die Förderung den Neigungen und Fähigkeiten des einzelnen Kindes entsprach.
Montessori verfolgte später das Ziel, ihr didaktisches Konzept bei Kindern ohne Behinderung anzuwenden. Dabei verlor sie die Kinder mit besonderem Förderbedarf aus den Augen.

Der Einzug der Montessori-Pädagogik in die Regelschule

Montessori sorgte auch selbst durch ihre vielen Reisen für eine weltweite Verbreitung ihres didaktischen Konzepts. Dabei entstanden vor allen Dingen Regel-Grundschulen, die nach ihrer Methode arbeiten.
Neben den unzähligen Anhängern der Montessori-Pädagogik gab es schon immer auch kritische Stimmen, die ihre Pädagogik als starr und dogmatisch abtaten. Dieser Eindruck wurde mit Sicherheit auch durch Montessoris sehr strenge Vorgaben für die Ausbildung und Durchführung ihrer Methode erweckt.

Dies hatte zur Folge, dass ihr didaktisches Konzept erst sehr spät einen Eingang in die allgemeine Pädagogik fand.

In den letzten Jahren erlebte die sogenannten Reformpädagogik, zu der auch Maria Montessoris Ansatz zählt, eine große Renaissance. Begriffe wie „Freiarbeit" und „handlungsorientierter Unterricht" sind mittlerweile zu Schlagwörtern geworden. Dabei ist vielen Menschen nicht bewusst, dass es sich bei diesen Unterrichtsformen und -methoden keineswegs um neueste pädagogische Erfindungen handelt, sondern um Konzepte, die zu Beginn unseres Jahrhunderts entstanden sind. Neben den „reinen" Montessori-Grundschulen orientieren sich mittlerweile auch viele andere Grundschulen an dem von Maria Montessori entwickeltem Konzept.

Montessori-Pädagogik im Unterricht mit behinderten Kindern

Die Ideen von Montessori wurden über Jahre hinweg fast ausschließlich im Bereich der Regelschule eingesetzt. Erst Ende der sechziger Jahre entdeckte man die Montessori-Pädagogik für die Förderung behinderter Kinder. Dies geschah vor allen Dingen unter der Perspektive der gemeinsamen schulischen Erziehung behinderter und nichtbehinderter Kinder. Auch heute noch beschränkt sich die Umsetzung der Montessori-Pädagogik hinsichtlich der Förderung behinderter Kinder fast ausschließlich auf integrative Schulprojekte. Sieht man von einigen wenigen Ausnahmen vor allen Dingen im Bereich der Erziehung geistig Behinderter einmal ab, so gibt es kaum eine Sonderschule, die nach dem Konzept Montessoris arbeitet. Dabei wird beispielsweise das von Montessori entwickelte Sinnesmaterial sehr wohl an manchen Sonderschulen bzw. -kindergärten, vor allen Dingen im geistig- und körperbehinderten Bereich, eingesetzt. Vielen Lehrkräften ist häufig gar nicht bekannt, dass es sich bei den vorhandenen Materialien um Montessori-Materialien handelt. Ein Grund dafür sind wohl auch die von den Lehrmittelverlagen angebotenen Materialien, die die Ideen Montessoris aufgreifen. In manchen Schulen verstaubt das Montessori-Material ungenutzt im Regal, da niemand im Kollegium mehr weiß, wie man mit den Materialien umgeht.

Maria Montessori hat im Laufe ihres Schaffens eine unglaubliche Fülle an Materialien entwickelt, die alle schulischen Lernbereiche abdecken. In unserem Band haben wir ganz gezielt Materialien aus den Bereichen Sprache und Mathematik ausgewählt, die unseren Erfahrungen nach Kindern mit sonderpädagogischem Förderbedarf Zugänge zu diesen beiden grundlegenden Bereichen auf besonders kindgerechte Weise eröffnen.

Der Einsatz von didaktischen Materialien nach den Prinzipien Montessoris fasziniert Kinder an allen Schulformen

| Jedes Kind ist anders! | Die Wiederentdeckung der Montessorididaktik für die Sonderpädagogik |

Didaktische Leitprinzipien Montessoris entsprechen den didaktischen Grundprinzipien der Sonderpädagogik

Wer sich näher mit der Pädagogik Maria Montessoris beschäftigt wird schnell feststellen, dass ihr Konzept grundsätzlich die gleichen Ziele verfolgt wie die Sonderpädagogik.

Ausgehend von einer veränderten Sichtweise des Kindes entwickelte Montessori ihr Konzept, das jedem Kind ermöglicht, sich nach seinem individuellen Lern- und Leistungsvermögen Inhalte handlungsorientiert zu erschließen. Eine Defizitzuschreibung an ein Kind, wie sie in der heutigen Zeit häufig praktiziert wird, ist in dieser Pädagogik nicht möglich, da jedes Kind gemäß seines Könnens agiert und arbeitet. Ausschlaggebend für den großen Erfolg ihres Konzeptes sind die von Montessori bis ins kleinste Detail durchdachten und entwickelten Materialien sowie auch ihre methodische Vorgehensweise.
Eine Lernumgebung, die nach den Prinzipien Montessoris gestaltet ist, erfüllt alle Bedingungen sonderpädagogischen Unterrichts. Das heißt, die Voraussetzungen zur Individualisierung, Differenzierung und Elementarisierung sind gegeben.

Die Polarisation der Aufmerksamkeit

Der Auslöser für Montessoris pädagogische Ideen war die Beobachtung einer besonders intensiven Konzentrationsphase. Montessori beobachtete ein Kind, das sich mit tiefster und innerster Hingabe auf einen Lerngegenstand konzentrierte. Dabei war sie von der Qualität des effektiven und intensiven Lern- bzw. Arbeitsprozesses tief beeindruckt. Sie bezeichnete dieses Phänomen als „Zustand der Polarisation der Aufmerksamkeit". Montessori analysierte die Bedingungen, die dieses Phänomen auslösen können. Sie kam zu dem Schluss, dass die freie Wahl des Materials, der Bearbeitungsdauer und der Arbeits- und Kooperationsform grundlegende Voraussetzungen dafür sind. Das Kind „richtet seine ganze Aufmerksamkeit darauf, vertieft sich in sie, gibt sich ihr mit ganzer Seele hin und löst sich gleichsam von seiner Umgebung los ..." (Montessori 1923). Kind und Lerngegenstand verschmelzen zu einer Einheit. Das Kind vertieft sich so sehr in seine Arbeit, dass es sich von äußeren Störgrößen nicht ablenken lässt.

Kind ist vertieft in die Arbeit mit dem selbstgewählten Material

Gerade für Kinder mit Konzentrationsproblemen ist die Anbahnung von Lernprozessen, die zur Polarisation der Aufmerksamkeit führen, notwendig und stellt daher einen wichtigen Aspekt für den Einsatz von Montessori-Materialien im sonderpädagogischen Unterricht dar.

Die methodische Vorgehensweise

Montessori strebt mit ihrem pädagogischen Konzept die Unabhängigkeit des Kindes vom Erwachsenen und die Freiheit des Menschen als oberstes Ziel an. Das berühmte Leitprinzip „Hilf mir, es selbst zu tun!" bringt die wechselseitige Beziehung zwischen dem selbsttätigen Kind und der unterstützenden Lehrerin zum Ausdruck.
Voraussetzung für einen kindgerechten Unterricht ist die spezifische Sichtweise, aus der man ein Kind betrachtet. Montessori (1989/25) schreibt: „So ist die wichtigste Seite des ganzen Erziehungsproblems nicht, was der Erwachsene für das Kind tun kann, sondern, was das Kind aus seiner eigenen Kraft vollbringt".
Um die innere Kraft und die natürliche Neugierde des Kindes zu nutzen, möchte sie dem Kind auch im Unterricht möglichst viel Freiheit geben.
So entstand ihr Konzept der Freiarbeit. Im Mittelpunkt der Freiarbeit steht die „freie Wahl der Arbeit". Jedes Kind wählt entsprechend seiner Interessen ein Material aus und sucht sich einen geeigneten Lernort. Es bestimmt eigenständig sein Arbeitstempo. Nur wenn es Hilfe oder Ermutigung benötigt, wendet es sich an die

| Jedes Kind ist anders! | Die Wiederentdeckung der Montessorididaktik für die Sonderpädagogik |

Lehrerin oder auch an ein anderes Kind. Abschließend kontrolliert das Kind mit Hilfe direkter oder indirekter Fehlerkontrolle sein Werk.

Ist bei einem Kind das Interesse für ein ihm noch unbekanntes Material geweckt, so bittet es die Lehrerin um eine Einführung. Die Lehrerin ihrerseits bietet den Kindern entsprechend ihrer Beobachtungen neue Materialien an.

Die Kinder entscheiden in der Freiarbeit selbst, ob sie alleine oder mit einem Partner arbeiten möchten.

Das Beenden angefangener Arbeiten ist eine wichtige Regel der Freiarbeit. Damit wird vermieden, dass ein Kind sich wahllos verschiedene Materialien nimmt oder bei Schwierigkeiten sofort aufgibt.

Kinder erfahren im Rahmen der Freiarbeit die wichtige Bedeutung von gegenseitiger Rücksichtnahme, da die Freiheit des einen dort aufhört, wo die Freiheit des anderen beginnt.

Die vorbereitete Umgebung

Die kindgerechte Förderung erwächst aus der entsprechenden Gestaltung der Umgebung, die den aktuellen Bedürfnissen und Fähigkeiten eines jeden Kindes gerecht wird. Ein Kennzeichen der vorbereiteten Umgebung sind offene Regale, in denen jedes Material seinen festen Platz hat. Dabei ist eine überschaubare Struktur der Materialanordnung sehr wichtig.

Die Lernumgebung bietet genügend Platz für Bewegung. Kleine Klassenräume lassen sich durch offene Türen und die Nutzung des Flures erweitern. Es gibt Tische für Partner- und Gruppenarbeit, aber auch Plätze an denen sich Kinder zur Einzelarbeit zurückziehen können. Mit Materialien, die viel Platz benötigen, wird auf einem Teppich gearbeitet.

Lernort Schulflur

Die klar strukturierte Ordnung im Klassenzimmer hilft dem Kind sich eigenständig zu orientieren. Die vorbereitete Umgebung erfüllt aber auch die wichtige Aufgabe, durch die äußere Ordnung innere Ordnungsstrukturen im Kinde zu entwickeln.

Die Rolle der Lehrerin

Zunächst einmal muss sich die Pädagogin auf ihre neue Lehrerrolle innerlich vorbereiten. Im Mittelpunkt steht die Gestaltung des Umfeldes für die Kinder. Dazu zählt die räumliche Ausstattung, die Bereitstellung von Materialien und das Schaffen einer angenehmen Atmosphäre. In dieser vorbereiteten Umgebung versteht sich die Lehrerin als Lernbegleiterin. Die Aktivität der Lehrerin konzentriert sich darauf, eine Beziehung zwischen dem Kind, oder den Kindern, und dem Material herzustellen. Dann zieht sich die Lehrerin in den passiven Part der Beobachterin zurück. Ihre Aktivität wird im weiteren von der Aufforderung des Kindes bestimmt. Im Idealfall schließt sich eine Reflexion der Freiarbeitsphase an. Aus dieser Nachbereitung ergeben sich die neuen Unterrichtsvorbereitungen entsprechend den individuellen Bedürfnissen der Kinder.

Holtz (1994/110) stellt das pädagogische Geschehen auf der Basis der Leitprinzipien nach Montessori in einer didaktische Spirale dar:

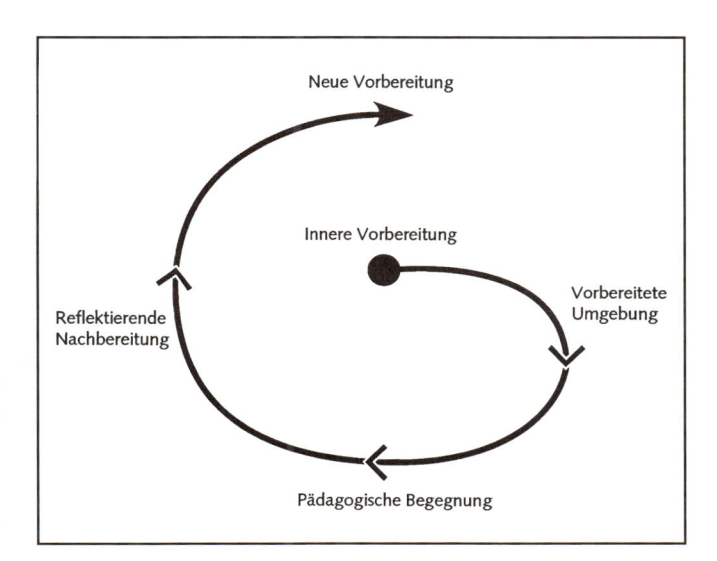

Kann ein Kind nicht in eine produktive Beziehung mit einem Material treten, so ist es Aufgabe der Lehrerin die Umgebung neu zu gestalten und andere Lernmöglichkeiten für dieses Kind zu finden.

Jedes Kind ist anders! Die Wiederentdeckung der Montessorididaktik für die Sonderpädagogik

Das didaktische Material

Montessori charakterisiert ihr Material als „Schlüssel zur Welt" (Montessori 1934). Im unmittelbaren Umgang mit dem Material wird das Kind mit einem bestimmten Lerngegenstand konfrontiert. Mit Hilfe des Materials baut sich das Kind geistige Ordnungsstrukturen auf. Die erworbenen Strukturen ermöglichen einen Transfer in den Alltag. Das heißt, die im Klassenzimmer angeeigneten Fähigkeiten führen zu einer schrittweisen Eroberung der Umwelt.

Die Herstellung der Materialien von Montessori basiert auf einem gründlichen Studium der kindlichen Entwicklung. Im Mittelpunkt steht die Bedeutsamkeit der Bewegung für die geistige Entwicklung der Kinder. Dieser zentrale Aspekt der Montessori-Pädagogik hat bis heute nicht an Aktualität verloren und wird insbesondere in den verschiedenen Modellen der Psychomotorik verwirklicht.

Die selbsttätige Auseinandersetzung mit den Materialien führt zu einer schrittweisen Unabhängigkeit des Kindes von seiner Lehrerin. Im Mittelpunkt des Unterrichts steht nicht die Lehrerin, sondern das Kind in seinem handelnden Umgang mit den selbst gewählten Gegenständen.

Das Material liegt in offenen Regalen frei zugänglich für die Kinder. Die Materialien sind übersichtlich nach Themen geordnet. Jedes Material hat seinen festen Platz. Diese äußere Ordnung stellt eine wichtige Orientierungshilfe für die Schüler dar.

Didaktische Materialien müssen nach Montessori verschiedene Kriterien erfüllen, damit sie den individuellen Bedürfnissen der Kinder entsprechend ein eigentätiges und die Entwicklung förderndes Arbeiten ermöglichen.

Isolation der Schwierigkeit

Die Materialien sind so gestaltet, dass ein spezifischer Lerninhalt im Mittelpunkt der kindlichen Arbeit steht. Die Materialien zur Unterscheidung von „groß–klein" verändern beispielsweise ihre Größe, jedoch nicht ihre Farbe. Die Begrenzung auf eine Schwierigkeit hilft dem Kind, sich auf das Wesentliche konzentrieren zu können.

Begrenzung des Materials

In der Regel ist ein Material nur einmal oder in wenigen Exemplaren vorhanden. Auf diese Weise bleibt der Klassenraum überschaubar. Ein einfache Struktur der kindlichen Umgebung soll dem Kind helfen, geistige Ordnungsstrukturen zu entwickeln. Gleichzeitig möchte Montessori durch die Einmaligkeit des Materials die soziale Kompetenz fördern. Die Kinder müssen lernen, aufeinander zu warten, sich abzusprechen und Rücksicht zu nehmen.

Kleine Lernschritte

Die Materialien von Montessori sind themenspezifisch so aufgebaut, dass die Entwicklung der angestrebten Fähigkeit mit Hilfe unterschiedlicher oder sich stetig differenzierender Materialien ermöglicht wird. Aufgrund von intensiven Analysen hat Montessori die unterschiedlichen Fähigkeiten in kleinste Einheiten synthetisiert und entsprechend der angestrebten Teilfähigkeit Materialien entwickelt. „Das äußere Material muss sich also den psychischen Bedürfnissen des Kindes wie eine Leiter darbieten, die ihm Stufe für Stufe bei seinem Aufstieg behilflich ist..." (Montessori 1989/84).

Ästhetik

Das Kennzeichen der Ästhetik spielt für Montessori eine zentrale Rolle. Damit die Kinder sich freudig und begeistert an die Arbeit begeben, muss das Material ansprechend und motivierend sein. Die bewusst nüchtern gehaltenen Formen und Farben der Materialien stellen einen Gegenpol zu der alltäglichen Reizüberflutung durch die Umwelt dar.

Aktivität / Selbsttätigkeit

Die Materialien fordern die Kinder zum aktiven Handeln auf. Sie haben einen hohen Aufforderungscharakter, so dass die Kinder auch über einen längeren Zeitraum selbsttätig arbeiten. Neue Inhalte werden durch den konkreten Umgang mit dem Material erschlossen.

Wiederholung / Variation

Das Aneignen von Fähigkeiten geschieht in einem sich wiederholenden Übungsprozess mit dem Material. Die Kinder entscheiden selbst, wie oft sie mit einem Material arbeiten wollen. Individuell kann sich die Entwicklung einer neuen Fähigkeit über einen unterschiedlichen Zeitraum erstrecken und eine unterschiedliche Anzahl von Wiederholungen erfordern. Eine Vielzahl von Variationsmöglichkeiten sichert das Üben von Fähigkeiten mit hoher Motivation.

| Jedes Kind ist anders! | Die Wiederentdeckung der Montessorididaktik für die Sonderpädagogik |

Direkte oder indirekte Fehlerkontrolle

Eine direkte Fehlerkontrolle liegt im Material selbst. Die Bearbeitung kann nur zu Ende geführt werden, wenn die einzelnen Arbeitsschritte richtig ausgeführt werden. Eine indirekte Kontrolle von Fehlern führt das Kind nach Beendigung einer Arbeit mit Hilfe von Tafeln, Ordnern o.Ä. aus. Auf diese Weise können die Kinder ihre Fehler selbst entdecken und erkennen. „Die Erkenntnis, dass sie einen Fehler begehen können und ihn ohne Hilfe sehen und kontrollieren können, ist eine der größten Errungenschaften der psychischen Freiheit" (Montessori 1994/223).

Die blau-roten Stangen von Montessori zeigen die Genialität ihres Materials für den Zahlenraum von 1 bis 10

| Jedes Kind ist anders! | „Wie lerne ich den Umgang mit den Materialien?" und weitere Fragen |

„Wie erlerne ich den Umgang mit den Materialien?"

Die Einsatzmöglichkeiten der Montessori-Materialien sind nicht nur speziell, sondern auch sehr vielfältig, sodass man ohne entsprechende Anleitung nur begrenzt in der Lage ist, sinnvoll mit den Materialien zu arbeiten.

Lehrerinnen, die gerne mit den Montessori-Materialien arbeiten möchten, überlegen sich daher, an einem Kurs zum Erwerb des Montessori-Diploms der Montessori-Vereinigung teilzunehmen. In der Regel dauern diese Kurse zwei Jahre, in denen man den Umgang mit fast allen Materialien für Kindergarten und Grundschule kennenlernt. Der hohe Zeitaufwand schreckt immer wieder Kolleginnen ab, zumal dort auch Materialien vorgestellt werden, die man in seinem eigenen Schulalltag aus behinderungsspezifischen oder anderen Gründen nicht einsetzten kann. Der vorliegende Band kann und will diese Kurse nicht ersetzen, sondern stellt eine Möglichkeit dar, sich gezielt in den Umgang mit den Materialien einzuarbeiten, die grundlegende schulische Inhalte vermitteln.

Wir beschreiben den Umgang mit den Materialien nahezu orginalgetreu nach den Prinzipien von Montessori. An einigen Stellen haben wir kleine Veränderungen vorgenommen oder geben didaktische Kommentare, da wir aufgrund unserer eigenen Erfahrungen anders mit dem Material umgehen. Die Möglichkeit des Einsatzes wie auch die Art bzw. die Formulierungen bei den Einführungen müssen ggf. auf die spezifischen Aspekte der jeweiligen Behinderungsform übertragen werden.

Die vielen Fotos sollen ermöglichen, die von Montessori häufig bis ins kleinste Datei durchdachte Art des Umgangs mit dem Material möglichst anschaulich darzustellen.

Es erweist sich als sehr sinnvoll, den Umgang mit den Materialien zunächst als „Trockenübung", d.h. ohne Schülerinnen und Schüler einzuüben. Dafür sollte man sich auf jeden Fall jemanden suchen, der die Rolle des Kindes übernimmt, um möglichst authentische Rahmenbedingungen zu haben. Die gemeinsame Einarbeitung mit Kolleginnen hat u.a. den Vorteil, dass immer eine die Rolle des Kindes übernehmen kann.

„Wie muss ich meinen Unterricht (um)gestalten?"

Vielen von uns ist es sicherlich schon so gegangen, dass wir auf einer Schulbuchmesse spontan für viel Geld ein Freiarbeitsmaterial gekauft haben. Später stellen wir dann fest, dass wir das Material im eigenen Schulalltag nur sehr begrenzt einsetzen können. Nicht selten liegt es nach einer Weile ungenutzt im Regal.

Die Einbettung von Freiarbeitsmaterialien in einen lehrerzentrierten Unterricht ist zumeist sehr schwierig. Sie können jedoch auch in anderen Unterrichtsformen als dem Prinzip der „reinen Freiarbeit" eingesetzt werden.

Schüler übt eigenständig mit der Diktat-Lesedose

Für einen sinnvollen Einsatz der Montessori-Materialien ist eine Umgestaltung des lehrerzentrierten Unterrichts notwendig. Die bereits in Kapitel 2 erläuterten didaktischen Leitprinzipien Montessoris geben hierfür eine Orientierung. Dabei muss eine Umgestaltung des Unterrichts nicht automatisch die Einführung von Freiarbeitsphasen bedeuten. Im Gegenteil, Freiarbeitsphasen verlangen von den Schülerinnen und Schülern eine hohe methodische Kompetenz, die viele Kinder mit sonderpädagogischem Förderbedarf nur langfristig erlangen können. Freiarbeitsphasen, wie sie an Montessori-Grundschulen stattfinden (z.T. von der 1. bis zur 3. Stunde) stellen für diese Kinder schnell eine Überforderung dar. Manche von ihnen scheitern bereits an der Hürde, sich für ein Material entscheiden zu müssen.
Sowohl für die Kinder als auch für die Lehrerin bietet es sich daher an, die Kinder schrittweise im Rahmen von Stationsarbeit, Werkstattunterricht oder der Arbeit mit Wochenplänen an offenere Unterrichtsformen mit selbstständigen Arbeitsschritten heran zuführen. So

Jedes Kind ist anders!

„Wie lerne ich den Umgang mit den Materialien?" und weitere Fragen

können beispielsweise neue Unterrichtsinhalte auch weiterhin im Klassenverband eingeführt und besprochen werden. Zur eigenständigen Vertiefung der Inhalte kann man jedoch den Schülerinnen und Schülern anschließend verschiedene Freiarbeitsmaterialien anbieten. Die Arbeit mit dem Wochenplan ermöglicht der Lehrerin, jedem Kind nach seinen individuellen Möglichkeiten Arbeitsaufträge zusammenzustellen. Die Kinder empfinden einen Wochenplan zur Orientierung für ihre Arbeitsphasen als sehr hilfreich. Sie haben weiterhin die Freiheit, ihre Arbeitsphasen im Rahmen eines ausgewählten Lernangebots selbst zu gestalten und nach ihrem Tempo zu arbeiten. Sind die Kinder nach einiger Zeit mit verschiedenen Materialien vertraut, kann man kleine, zeitlich überschaubare Freiarbeitsphasen einführen. Dabei hat es sich als sehr sinnvoll erwiesen, dass die Kinder ihre Arbeitsergebnisse in einem Protokoll mit der Überschrift „Das habe ich heute in der Freiarbeit gemacht!" festhalten.

Grundsätzlich lässt sich jedoch feststellen, dass das Prinzip der Freiarbeit, wie Montessori es beschreibt, für Kinder mit sonderpädagogischem Förderbedarf viele Chancen beinhaltet. Gerade diese Kinder haben einen hohen Förderbedarf in allen Bereichen, die Freiarbeit ausmachen: So fällt es ihnen häufig schwer, selbstständig zu arbeiten, sich von der Rückmeldung durch die Lehrerin unabhängig zu machen, sich für eine Arbeit zu entscheiden, sie alleine durchzuführen, zu kontrollieren und das Material wieder an seinen Platz zu räumen. Diese Fähigkeiten, die das Streben des Kindes nach Unabhängigkeit unterstützen, können somit für viele Kinder mit sonderpädagogischem Förderbedarf als langfristige Förderziele formuliert werden.

Für die Lehrerin bieten Freiarbeitsphasen die Möglichkeit zur individuellen, differenzierten Förderung der Kinder.

Durch die eigenständige Arbeit der Kinder werden grundlegende Fähigkeiten mit dem Ziel der Unabhängigkeit gefördert

„Wie führe ich die Materialien in den Unterricht ein?"

Der erfolgreiche Einsatz der Montessori-Materialien erfordert eine exakte Kenntnis des Umgangs mit dem Material. Voraussetzung für das selbstständige Arbeiten der Kinder mit dem Material ist daher eine genaue Einführung der Kinder in den Umgang mit diesem. Aber auch aufgrund von inhaltlichen Aspekten ist eine präzise Anleitung unersetzlich. Das Material kann nur bei entsprechender Darstellung den Kindern wirklich als „Schlüssel zur Welt" dienen, da viele Lerninhalte beispielsweise erst durch eine bestimmte Anordnung des Materials verdeutlicht werden.

Für den erfolgreichen Einsatz der Materialien im Unterricht ist es daher ausschlaggebend, dass man sich für die Einführung eines neuen Materials ausreichend Zeit nimmt.

Bei der ersten Vorstellung des Materials sollte die Lehrerin das Material gemeinsam mit dem Kind aus dem Regal holen: So weiß das Kind, wohin das Material gehört. Auf diese Weise kann es das Material später selbst holen und wieder weglegen.

Folgende Punkte sollten bei der Einführung zudem beachtet werden:

- Außer dem Material sollte sich nichts auf dem Tisch oder dem Teppich befinden.

- Wenn möglich, setzt sich die Lehrerin rechts neben das Kind (bei Linkshändern links).

- Bei der Einführung sollte die Lehrerin so wenig wie möglich sprechen, die durchgeführte Handlung sollte daher möglichst eindeutig sein.

- Hat das Kind den Umgang mit dem Material verstanden, kann es die Handlung übernehmen.

- Beschäftigt sich das Kind sicher mit dem Material, zieht sich die Lehrerin zurück, beobachtet das Kind aber weiterhin.

- Kann das Kind den Umgang mit dem Material noch nicht richtig nachvollziehen, wird die Einführungslektion zu einem späteren Zeitpunkt wiederholt.

„Woher bekomme ich die Materialien?"

Für die Einführungsübungen haben wir in der Regel original Montessori-Materialien verwendet, die man im Handel käuflich erwerben kann (Adressen siehe Anhang). Diese Materialien sind zumeist aus Holz und immer sehr stabil angefertigt, sodass sie nahezu unverwüstlich sind. Ein großer Nachteil ist, dass sie sehr teuer sind. Daher ist es uns wichtig, zu jedem Material Ideen zur eigenen Anfertigung zu geben. Die als Zusatzmaterialien vorgestellten Materialien sind von uns selbst hergestellt und sollen Anregungen für eigene Produktionen darstellen. Bei einigen Materialien haben wir zusätzlich „fertige", d.h. käufliche Produkte, wie z.B. Bildkarten oder kleine Bilderbücher verwendet. Einen großen Fundus zur preiswerten Herstellung von Freiarbeitsmaterialien ist auf den vielen Flohmärkten zu finden.

Fundus zur Herstellung von Freiarbeitsmaterialien

Zur Herstellung des Materials hat es sich für uns als sehr fruchtbar erwiesen, sich gemeinsam mit anderen zusammenzusetzen. Auch die Einbeziehung von Eltern ist bei solchen Aktionen sinnvoll und möglich.

Eine große Arbeitserleichterung zur Herstellung von Wortkarten, Satzstreifen und Arbeitsblättern ermöglicht der Einsatz eines Computers. Der Computer ist jedoch kein erforderliches Muss. Die Wortkarten etc. können natürlich auch weiterhin handschriftlich angefertigt werden.

Die Herstellung der Materialien und die Aspekte zur Einarbeitung in den Umgang mit den Materialien führen unweigerlich zu der folgenden Fragestellung:

„Woher nehme ich die Zeit, um mich einzuarbeiten und die Materialien herzustellen?"

Dies ist sicherlich eine sehr berechtigte Frage, die sich viele Lehrerinnen stellen und die auch wir so nicht beantworten können. Es entspricht den Tatsachen, dass man sowohl für die Herstellung der Materialien als auch für die Einarbeitung in den Umgang mit diesen Zeit benötigt. Diese Investition lohnt sich jedoch auf jeden Fall.

Sind die Materialien einmal hergestellt, können sie in der Regel immer wieder eingesetzt werden. Wer einmal mit der Anfertigung angefangen hat und sieht, mit welcher Freude die Kinder mit den selbst erstellten Materialien Lernerfolge erzielen, merkt schnell, dass es ihn nicht mehr los lässt! Manche Kolleginnen sind wie von einem Fieber gepackt und besuchen jeden Flohmarkt, um die schönsten Dinge zur Bereicherung der verschiedene Unterrichtsthemen aufzuspüren. Kaum ein Gegenstand oder Karton wandert mehr in den Müll, ohne vorher unter der kritischen Fragestellung „Kann ich ihn für meine Materialsammlung verwenden?" begutachtet worden zu sein.

Die Einarbeitung in den Umgang mit den Materialien und die Auseinandersetzung mit der Pädagogik Montessoris haben schon vielen Kolleginnen eine innovative Orientierung und Hilfe zur Gestaltung ihres Unterrichtsalltags gegeben.

II.
Materialien für den Bereich Sprache

Motiviert lesen lernen! | **Grundlegende Informationen**

Grundlegende Informationen

Montessori möchte den Kinder nicht nur die Fähigkeit zum Lesen vermitteln, sondern in ihnen eine Faszination für das Lesen erwecken. Aus diesem Grunde hielt sie auch wenig von einem an einer Fibel orientierten Leselehrgang.

Kinder ohne besondere Lernschwierigkeiten kommen sicherlich auf allen Wegen an das Ziel der Lesefertigkeit. Kinder, die aus unterschiedlichen Gründen Schwierigkeiten mit dem Lesenlernen haben, lassen sich sehr viel schwerer zum Lesen motivieren. Aus Angst vor Misserfolgen versuchen diese Kinder, Lesesituationen zu vermeiden. Dabei ist es gerade für sie wichtig, möglichst viel zu üben, um eine Lesesicherheit zu erwerben. Montessoris Methode bietet diesen Kindern die Möglichkeit, ihren individuellen Weg zum Lesen lernen zu beschreiten. Da das Lesen von Anfang an mit konkreten Gegenständen und Handlungsaufträgen verbunden ist, werden sie immer wieder zur Übung motiviert und erfahren so auch schnell den kommunikativen Charakter des Lesens.

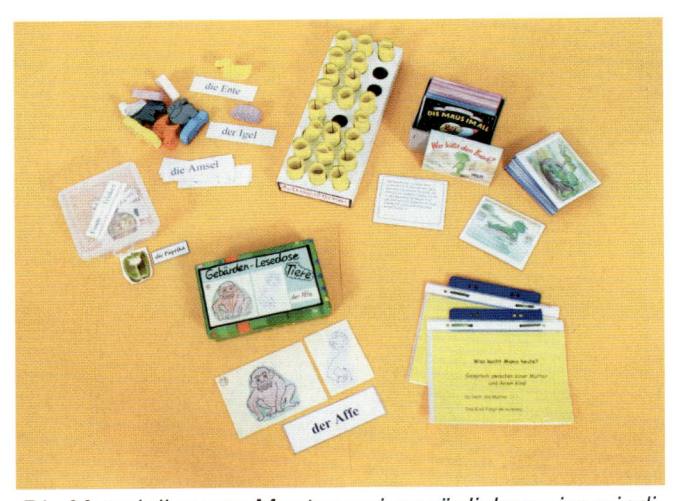

Die Materialien von Montessori ermöglichen einen individuellen Leselernprozess, der insbesondere Kinder mit Lernschwierigkeiten zum Lesenlernen motiviert

Montessoris Methode zum Lesenlernen wird durch drei entscheidende Charakteristika gekennzeichnet:
1. Individualisierung des Leselernprozesses
2. Verknüpfung von Konkretem und Abstraktem
3. Isolation der Schwierigkeiten im Leselernprozess

Diese im Weiteren kurz erläuterten Charakteristika machen schnell deutlich, dass Montessoris Weg zum Lesen gerade für Kinder mit besonderem Förderbedarf eine Chance darstellt.

Individualisierung des Leselernprozesses

Bereits Montessori beobachtete die unterschiedlichen Voraussetzungen der Kinder beim Einstieg in den schulischen Leselernprozess. Ein kollektiver Leselehrgang kann daher bei vielen Kindern die freie Entfaltung der Leseentwicklung blockieren. Das betrifft in besonderem Maße die Kinder, die aufgrund von Lernschwierigkeiten in ihrer Aufnahmekapazität eingeschränkt sind, aber auch die Kinder, die bereits vor Schulbeginn Lesekenntnisse erworben haben.

Um Kinder in der individuellen Entwicklung ihrer Lesefähigkeit zu unterstützen, setzt Montessori vielfältige Materialien mit unterschiedlichen Anforderungen ein. Die Kinder können also entsprechend ihrer ganz persönlichen Ausgangssituation in den Leselernprozess einsteigen.

Verknüpfung von Konkretem und Abstraktem

Auch hier folgt Montessori ihrem Grundprinzip der Handlungsorientierung. So beginnt der Leselernprozess durch die Verknüpfung von Konkretem und Abstraktem: Die Lehrerin schreibt den Namen eines vor dem Kind liegenden Gegenstands auf einen Papierstreifen. Dieses geschieht zunächst stumm, sodass sich die Aufmerksamkeit des Kindes wirklich völlig darauf konzentrieren kann, wie das geschriebene Wort vor seinen Augen entsteht. Da das Kind den Namen des Gegenstandes kennt, sieht es jetzt, wie genau dieser Name geschrieben wird. Es kann auf diese Weise das geschriebene Wort mit dem Gegenstand verknüpfen.

In der eigenständigen Übung ordnet das Kind Gegenständen Wortkarten zu. Die Verbindung von Lesen und Herausfinden des dazugehörigen Gegenstands motiviert die Kinder, das Wörtchen auch wirklich erlesen zu wollen.

Unterstützt wird die Lesemotivation durch schnelle Erfolgserlebnisse, da die Kinder auch bereits zu Beginn des Leselernprozesses durch Kombinieren Wörter „erlesen" können: Welcher Gegenstand in dieser Lesedose beginnt mit „La"? (Lampe).

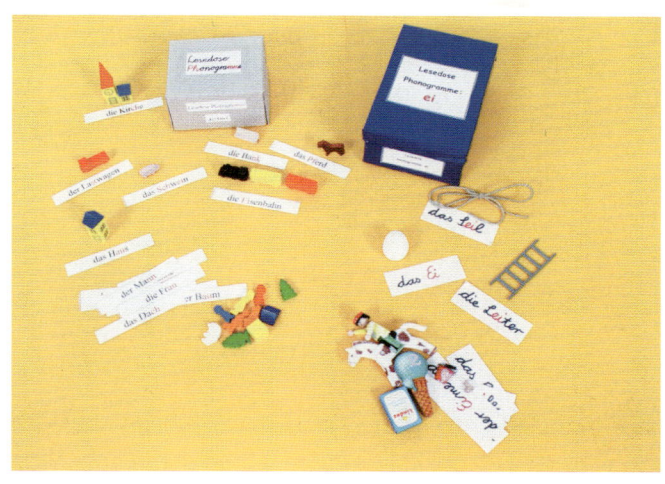

Motiviert lesen lernen! | **Grundlegende Informationen**

Isolation der Schwierigkeit durch Hervorheben von Buchstabenverbindungen

Isolation der Schwierigkeit im Leselernprozess

Montessori entdeckte an bestimmten Stellen beim Lesenlernen immer wieder Schwierigkeiten. Durch eine genaue Analyse des Leselernprozesses kam sie zu dem Schluss, dass Kinder beim Lesen häufig an Phonogrammen scheitern. Phonogramme sind Buchstabenverbindungen, die als ein Laut gesprochen werden wie beispielsweise pf, sch, ei, ck. Um diese Schwierigkeiten am Anfang des Leselernprozesses zu vermeiden, beginnt sie zunächst mit lautgetreuen Wörtern. Erst wenn ein Kind zu einer Sicherheit im Lesen lautgetreuer Wörter gelangt ist, werden die verschiedenen Phonogramme gezielt eingeübt. Dazu werden nach Montessori Wörter ausgewählt, die nur ein schwieriges Phonogramm enthalten. Um die Aufmerksamkeit der Kinder auf diese Buchstabenverbindung zu lenken, werden diese immer rot dargestellt.

Aus dieser Erkenntnis ergibt sich folgende Reihenfolge für den Einsatz der didaktischen Materialien:
1. Lesen von lautgetreuen Worten
2. Lesen von Wörtern mit Phonogrammen
3. Lesen von kurzen Sätzen
4. Lesen von kurzen Texten
5. Lesen von Büchern und Kinderzeitschriften

Unsere Erfahrung zeigt, dass dieser individuelle und kindgerechte Weg besonders für Kinder mit Lernschwierigkeiten geeignet ist.

Förderziele

- Entwicklung einer Lesefähigkeit durch Motivation und Faszination
- Erkennen, dass das geschriebene Wort eine bestimmte Bedeutung hat
- Festigung und Erweiterung des Wortschatzes

Indirekte Förderziele

- Schulung der Fähigkeit zur Kombination
- Anstreben einer Lesekompetenz

Voraussetzung

- Kennen einiger Buchstaben des Alphabetes
- Kennen der Namen der Gegenstände

Lesen macht Spaß!

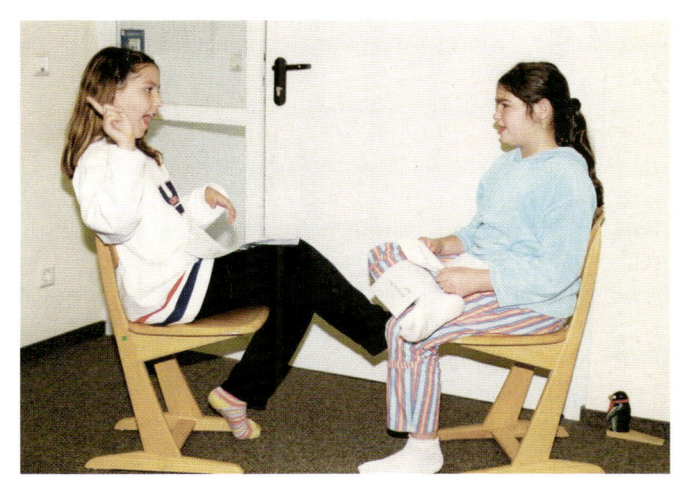

Leseübungen an einer Gehörlosenschule

Beschreibung einzelner Arbeitsmittel und -verfahren

Anders als bei den mathematischen Materialien müssen die Materialien für den Sprachunterricht hauptsächlich selbst hergestellt werden.

Mittlerweile haben jedoch auch verschiedene Lehrmittelhersteller einige von Montessoris Ideen aufgegriffen und didaktisches Material erstellt, das sich an ihren Prinzipien orientiert (z.B. der Sauros Verlag Köln mit Lesedosen, Phonogrammdosen etc.).

Die im Folgenden kurz beschriebenen Arbeitsmittel haben sich sehr bewährt, Kinder handlungsorientiert zum Lesen zu motivieren und zum Weiterlesen zu ermutigen.

Zusätzlich zu den von uns vorgeschlagenen Materialien möchten wir an dieser Stelle auf die z.T. sicherlich schon bekannten Arbeitsmittel wie Stöpselkästen mit Lochkarten, Leselottos etc. hinweisen (siehe hierzu auch die Bänder I und II von Fisgus/Kraft).

Lesedosen

In der Regel handelt es sich hierbei um eine überschaubare Anzahl von Gegenständen mit den entsprechenden Wortkarten. Lesedosen können sowohl zum ersten Lesen mit lautgetreuen Wörtern oder bestimmten Phonogrammen als auch zum weiterführende Lesen zu verschiedenen Themen z.B. „Weihnachtslesedose" erstellt werden. Neben konkreten Gegenständen können Lesedosen natürlich auch mit Abbildungen und den entsprechenden Wortkarten erstellt werden.

Jede Lesedosen sollte mit einem Namensschild gekennzeichnet sein. Dabei empfiehlt es sich, das Namensschild nicht nur oben auf dem Deckel der Dose zu befestigen, sondern auch die Front der Dose mit einem Namensschild zu versehen. Auf diese Weise kann man die Lesedosen im Regal auch Platz sparend stapeln und ist trotzdem noch in der Lage zu lesen, um welche Dose es sich handelt.

Übersicht über verschiedene Lesedosen:
1. Lautgetreue Lesedosen
2. Phonogramm-Lesedosen
3. Lesedosen zu einem bestimmten Buchstaben (z.B. Gegenstände, die alle mit dem Buchstaben Z anfangen)
4. Themenbezogene Lesedosen (z.B. Lesedose „Was Kinder gerne essen")

Partnerlesen mit einer Lesedose: Mädchen liest – hier „fingert" – ein Wort und Junge zeigt entsprechenden Gegenstand

Lesedosen im Zusammenhang mit einem Wörterbuch

Für gehörlose und andere Kinder, die sich die Bedeutung vieler Wörter erst erschließen müssen, hat es sich bewährt, Lesedosen in Anlehnung an ein Wörterbuch zu erstellen. Bei unbekannten Wörtern sind die Kinder auf diese Weise in der Lage, den unbekannten Namen des Gegenstandes aus dem Wörterbuch selbstständig herauszusuchen. Dies stellt eine zusätzliche Motivation und Leseübung dar.

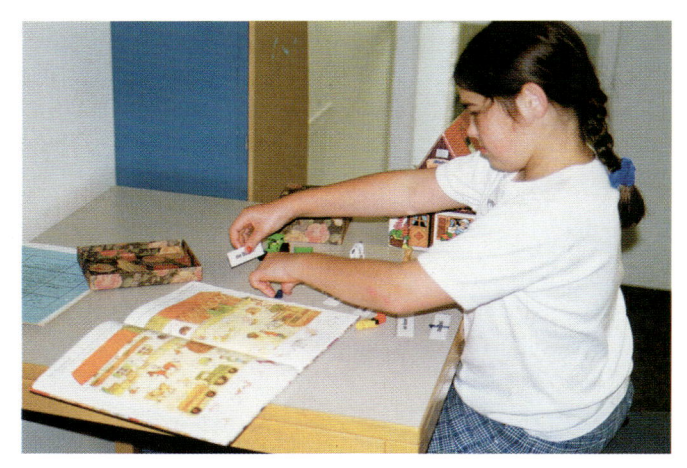

Kombination von Lesedose und Wörterbuch

Die Lesedosen dienen somit nicht nur dem Leselernprozess, sondern in vielen Fällen auch der Begriffsbildung. Daher bietet es sich natürlich auch an, diesen Kindern ganz gezielt im Sinne eines Vokabellernens entsprechende Lesedosen mit Wörterbuch zur Begriffsbildung anzubieten.

Leseheftchen

Kleine, schön gestaltete Heftchen mit anfangs nur einem lautgetreuem Wort auf einer Seite sollen dem Kind das Gefühl vermitteln, bereits nach ganz kurzer Zeit in der Lage zu sein, ganze „Bücher" lesen zu können.
Leseheftchen können in unendlicher Anzahl in relativ kurzer Zeit erstellt werden. Dabei sollte der Schwierigkeitsgrad stets steigen. Es empfiehlt sich besonders zu den verschiedene Phonogrammen entsprechende Phonogrammhefte zu erstellen (siehe Zusatzmaterial „Phonogrammheftchen" S.29f).

Leseliste

Gerade Kinder, denen das Lesen schwer fällt, sollten eigentlich besonders viel üben, auch außerhalb der Schule. Die Erfahrung zeigt, dass gerade diese Kinder sich nur selten alleine zu Hause zum Lesen hinsetzen. Die Leseliste dokumentiert die Texte, die die Kinder jemanden freiwillig oder aber im Rahmen der Hausaufgaben, der Arbeit mit dem Wochenplan oder der Freiarbeit vorgelesen haben. Das Kind trägt den Namen des Textes in die Liste ein und sucht sich einen Zuhörer, dem es den Text vorliest. Der Zuhörer unterschreibt am Ende auf der Liste. Eine Kopiervorlage für die Leseliste befindet sich in Teil IV (S.121).

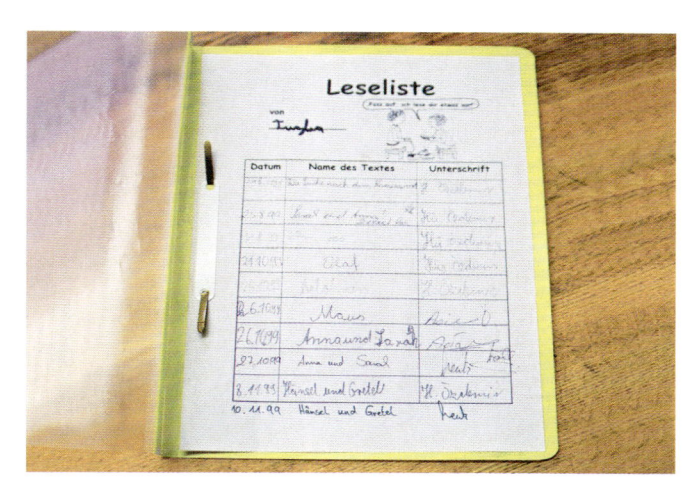

Beispiel einer Leseliste

Durch das Sammeln der Unterschriften und das Auflisten der Texte sind die Kinder unsere Erfahrung nach motiviert, sich auch zu Hause Zeit zum Lesen zu nehmen. Es erfüllt die Kinder mit Stolz, wenn die Anzahl der bereits gelesenen Texte stetig wächst. Manche lesen den gleichen Text freiwillig mehrere Male, um möglichst viele Unterschriften zu bekommen. Die Leseliste hat auch den Effekt, dass sich bedingt durch das Erteilen der Unterschrift wirklich jemand zu Hause Zeit nehmen muss, um mit dem Kind zu lesen – auch nicht unbedingt eine Selbstverständlichkeit. Die Leseliste ist somit nicht nur motivierend, sondern bietet gleichzeitig die Möglichkeit zu kontrollieren, ob ein Text gelesen wurde oder nicht.

Dialoge lesen

Ähnlich wie die Leseliste ist das „Dialoge lesen" eine Methode, die davon ausgeht, dass Kinder mit Schwierigkeiten beim Lesen in der Regel versuchen, Lesesituationen zu vermeiden. Wenn sie für sich alleine lesen sind sie schnell entmutigt und geben auf. Das besondere des „Dialoge Lesens" ist, dass das Lesen in diesem Fall einem wirklichen Gespräch nachempfunden ist, bei dem die Gesprächspartner nicht wissen, was der andere sagen wird. Sie müssen einander daher gut zuhören. Kinder können auf diese Weise sehr eindrücklich auch den kommunikativen Charakter des Lesens erfahren.
Die Gespräche sind so konzipiert, dass jedes Kind in die Rolle eines Gesprächspartners schlüpft und nur seinen eigenen Text vor Augen hat. Auf jeder Seite steht nur ein Gesprächsbeitrag. Es empfiehlt sich, die Texte auf DIN-A5-Papier zu schreiben und in entsprechend große Klarsichthüllen zu stecken. Auf dem Umschlag muss neben Titel des Gesprächs auch stehen, wer mit dem Gespräch anfängt. Bei der Formulierung der Gespräche empfiehlt es sich, sich an den Interessen der Schülerinnen und Schüler zu orientieren, bzw. Vorkommnisse aus dem Schulalltag aufzugreifen. Es macht den Kindern ein sichtliches Vergnügen, ein lustiges oder auch ernstes Gespräch zwischen zwei fiktiven Kindern zum Thema „Zeugnisse", „Ferien" oder „Freundschaft" zu lesen. Sehr beliebt sind auch immer wieder Telefongespräche mit echten Telefonapparaten als Requisiten.

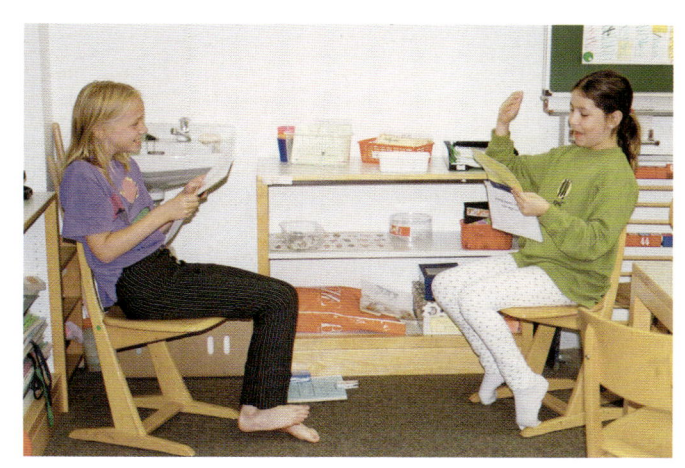

Dialoge lesen mit Gebärdenunterstützung

Magnettafel

Neben der Magnettafel an der Wand hat sich eine kleine Magnettafel, die es oft schon günstig als Pinnwand für die Küche gibt, als sehr motivierend für verschiedene Leseübungen erwiesen. Das Anheften von Gegenständen oder Abbildungen mit den entsprechenden Wortkarten an der Magnettafel stellt für viele Kinder noch einmal eine zusätzliche Motivation dar.

Motiviert lesen lernen!

Erstes Lesen: lautgetreue Lesedosen

Einführung in das erste Lesen: lautgetreue Lesedosen

Materialbeschreibung

- Lesedosen mit 6 bis 8 Gegenständen, deren Namen lautgetreu geschrieben werden, z.B. Hut, Hose, Faden, Nudel, Blume
- Papierstreifen und Stift zur Einführung
- Wortkarten zur eigenständigen Übung

I. Einführung in die Arbeit mit der Lesedose

- Kind nimmt die Gegenstände einer Dose heraus und legt sie auf den Tisch
- Kind benennt die Gegenstände
- L. sagt: „Ich bin gespannt, ob du herausfindest, welchen Gegenstand ich haben möchte!"
- Sie schreibt langsam und stumm den Namen eines Gegenstandes auf den Papierstreifen
- Kind „erliest" den Namen und legt den Streifen zu dem dazugehörigen Gegenstand

II. Vertiefende Übung mit den Lesedosen

Angebot von Lesedosen mit lautgetreuen Wortkarten

- Kind arbeitet eigenständig mit den Lesedosen
- Kind legt alle Gegenstände aus
- Kind liest Wortkarten und ordnet diese den Gegenständen zu

(Beispiele für Lesedosen und Zusatzmaterialien siehe folgende Seiten)

Didaktischer Hinweis
Bei der Herstellung des Materials bietet es sich an, die Wortkarten jeweils in Druck- und Schreibschrift herzustellen. Bei der Einführung der Schreibschrift können somit die gleichen Lesedosen durch Austauschen der Wortkarten dazu dienen, dass die Kinder sich mit der neuen Schrift vertraut machen.

Liste mit lautgetreuen Wörtern zur Herstellung von lautgetreuen Lesedosen und Leseheftchen

1. Hut, Dia, Bus, Feder, Pinsel, Foto
2. Blume, Jojo, Kamel, Lama, Heft
3. Mantel, Hose, Bluse, Helm, Badehose, Bademantel, Unterhose, Bikini, Regenhose, Regenmantel
4. Regal, Sofa, Lampe, Radio, Ofen, Nagel
5. Mama, Papa, Oma, Opa, Tante
6. Glas, Gabel, Dose, Vase, Besen
7. Saft, Salat, Tomate, Paprika, Nudeln, Ananas, Banane, Kiwi, Brot, Limonade, Salami, Salz, Torte, Praline
8. Rose, Tulpe, Nelke, Primel, Gras, Palme
9. Hase, Amsel, Ente, Kater, Ferkel, Tiger, Elefant, Wolf, Krokodil, Gans, Pudel, Wurm, Igel

Motiviert lesen lernen!	Erstes Lesen: Phonogramme

Gruppe 3

AA
Saal, Haar, Paar, Waage, Aal, Staat, Saat

EE
Beet, See, Fee, Teer, Meer, leer, Beere, Klee, leer

OO
Boot, Moos, Moor,

MM
Kamm, Lamm, Schwamm, Zimmer, Sommer, Gummi, Himmel, Klammer, dumm, krumm, immer, kommen

NN
Kinn, Anna, Kanne, Tanne, Wanne, Mann, Donner, Sonne, dünn, wann, dann

LL
Ball, Welle, Null, Falle, Wolle, Rolle, Keller, Teller, schnell, voll

TT
Bett, Ritter, Watte, Blatt, Kette, Hütte, Zettel, Mutter, Butter, Fett, Motte, satt, glatt, fett

SS
Messer, Kasse, Tasse, Kessel, Gasse, Kissen, Wasser, lassen, passen, essen, messen

FF
Affe, Waffel, Koffer, Löffel, Kartoffel, Pantoffel, hoffen, offen, treffen, Ziffer

GG
Bagger, Dogge, Flagge, Roggen, Waggon

PP
Suppe, Puppe, Appetit, Teppich, Wippe, Pappe, Grippe, Klappe, Kappe, Knüppel, Krippe, Lappen, Lippe, Mappe, schleppen

Motiviert lesen lernen!

Zusatzmaterialien
Phonogramme

Lesedose Phonogramme „Im Dorf"

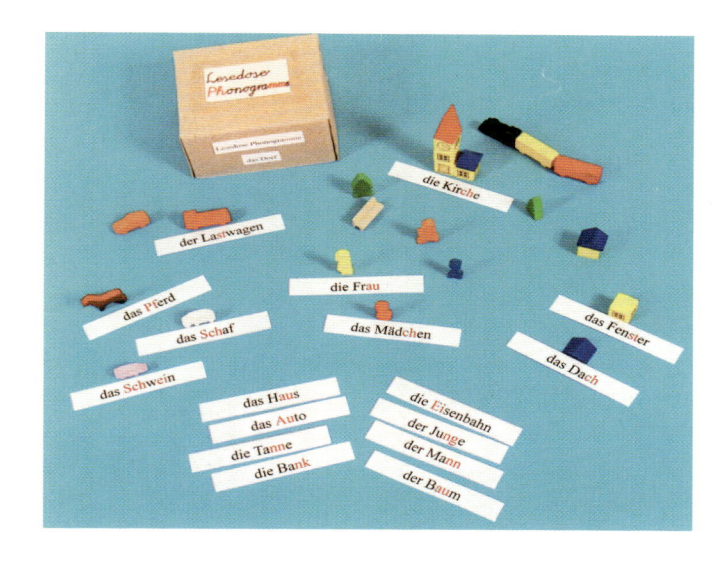

In welchem Wort sprichst du ein „sch", „ch" oder „ck"?

Förderziele

- Förderung der Fähigkeit zum schnellen Kombinieren von Buchstaben zu Buchstabenverbindungen
- Erkennen von Phonogrammen in einfachen Wörtern
- Festigung der Lesefertigkeit

Material und Anwendung

Herstellung und Beschaffung

- Verschiedene Gegenstände zu dem Thema „Dorf", deren Namen jeweils ein Phonogramm enthalten
- Wortkarten mit den Namen der Gegenstände, Phonogramme sind rot geschrieben

Einsatz und Handhabung

- Kind stellt die Gegenstände auf
- Kind nimmt eine Wortkarte und liest diese, gegebenenfalls auch mehrmals
- Kind legt die Wortkarte vor den Gegenstand

Variation

- Kind liest einem Partner eine Wortkarte vor
- Partner sucht entsprechenden Gegenstand
- Partnerlesen fördert korrekte Aussprache

Kontrolle

- evtl. Abbildung des richtigen Gegenstandes auf der Rückseite der Wortkarte
- indirekte Kontrolle bei Übungsende: Passt die letzte Wortkarte zu dem übrig gebliebenen Gegenstand?

Förderziele

- Erkennen der Buchstabenverbindungen „sch", „ch" und „ck" im Wort
- Festigung der Lesefertigkeit

Material und Anwendung

Herstellung und Beschaffung

- Verschiedene Wörter mit ähnlichen Phonogrammen (hier: sch, ch, ck) überlegen und entsprechende Gegenstände zusammenstellen
- Karten mit den 3 Phonogrammen
- Wortkarten mit den Namen der Gegenstände
- Phonogramme sind immer rot geschrieben

Einsatz und Handhabung

- Kind nimmt einen Gegenstand und spricht deutlich seinen Namen
- Kind ordnet den Gegenstand der entsprechenden Phonogramm-Karte zu
- Kind ordnet die Wortkarten zu den Gegenständen

Variation

- für sprachschwache Kinder können die Wortkarten auch als Hilfe dienen
- Kind liest Wortkarten und ordnet diese zuerst Gegenständen zu

Kontrolle

- liegt im Material

Motiviert lesen lernen!

Zusatzmaterialien
Phonogramme

Wo hörst du das „st"?

Förderziele

- Erkennen der Buchstabenverbindung „st"

Material und Anwendung

Herstellung und Beschaffung

- Wörter mit einer Buchstabenverbindung (hier: „st") überlegen; das Phonogramm muss bei einigen Wörtern am Wortanfang, in der Wortmitte oder am Wortende stehen (Kopiervorlage siehe Teil IV, S.122ff)
- Bilder mit den entsprechenden Abbildungen
- mehrere Buchstabenkarten mit „st" in blauer Farbe (groß geschrieben/Wortanfang), in roter und grüner Farbe (klein geschrieben/Wortmitte und -ende)
- Klammern in blau, rot und grün
- Arbeitsauftrag

Einsatz und Handhabung

- Kind nimmt eine Bildkarte und spricht deutlich den Namen des abgebildeten Gegenstandes
- Kind klammert eine Buchstabenkarte auf das entsprechende Feld auf der Bildkarte

Variation

- Aufschreiben der Wörter, evtl. mit farbiger Hervorhebung der Phonogramme

Kontrolle

- farbige Markierung auf der Rückseite

Schwierige Schulwörter

Förderziele

- Erkennen verschiedener Phonogramme in schwierigeren Wörtern

Material und Anwendung

Herstellung und Beschaffung

- Wörter aus dem Umfeld „Schule" überlegen, die mindestens ein Phonogramm aufweisen (Kopiervorlage siehe Teil IV, S.126ff)
- Wortkarten, Phonogramm ausgelassen
- Phonogrammkarten mit den fehlenden Buchstabenverbindungen in roter Schrift

Einsatz und Handhabung

- Kind liest ein Wort und fügt die fehlende Buchstabenverbindung in die Wortkarte ein
- Kind vergleicht die Wörter mit dem Kontrollblatt

Variation

- Kinder, die diesen Wortschatz noch nicht sicher beherrschen, können mit Hilfe der Kontrollkarte zunächst die Gegenstände holen. Dann wird die Kontrollkarte wieder weggelegt. Die Gegenstände unterstützen sie nun in ihrem „Buchstabenpuzzle"
- Aufschreiben der schwierigen Schulwörter

Kontrolle

- Kontrollblatt

28

Motiviert lesen lernen!

**Zusatzmaterialien
Phonogramme**

Phonogrammsätze

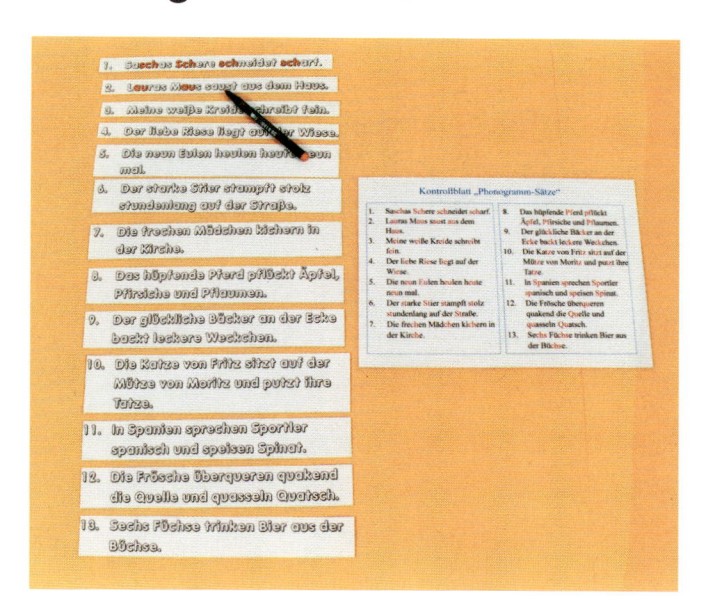

Förderziele

- Herausfinden einer Buchstabenverbindung, die in einem Satz mehrmals vorkommt
- Festigung der Lesefähigkeit: Lesen von komplizierteren Sätzen mit vielen Phonogrammen

Material und Anwendung

Herstellung und Beschaffung

- Sätze überlegen: Ein Satz besteht aus Wörtern, die möglichst alle bzw. fast alle das gleiche Phonogramm enthalten (Kopiervorlage siehe Teil IV, S.129f)
- Die Schriftart so wählen, dass die Buchstaben ausgemalt werden können
- Nass oder trocken abwischbaren Stift in roter Farbe

Einsatz und Handhabung

- Kind nimmt einen Satz und liest diesen, gegebenenfalls auch mehrmals, möglichst „laut"
- Kind malt die häufig vorkommende Buchstabenverbindung rot an

Variation

- Partnerlesen der Phonogrammsätze
- Aufschreiben der Sätze, evtl. mit farbiger Heraushebung der Phonogramme

Kontrolle

- Kontrollblatt

Phonogramm-Material-Mix

Förderziele

- Erkennen verschiedener Phonogramme
- Festigung der Lesefähigkeit von Buchstabenverbindungen

Material und Anwendung

Herstellung und Beschaffung

- Bild-Lesekarten: Bild und Wort auf Karton kleben, Phonogramme in rot
- Phonogrammheftchen: Beschreibung und Kopiervorlagen siehe Leseheftchen (S.129/133)
- Lese- oder Diktatkarten: Wörter mit einer Buchstabenverbindung, z.B. „au" auf eine Karte schreiben

Einsatz und Handhabung

- Bild-Lesekarten: Kind liest Wort
- Phonogrammheftchen: Kind liest das Heft
- Lese- oder Diktatkarten:
  1. Kind liest die Karte
  2. Kind liest ein Wort, dreht die Karte um und schreibt das Wort auf
  3. Partnerdiktat

Variation

- Aufschreiben der Wörter
- Kinder stellen Materialien selber her

> Motiviert lesen lernen!

Zusatzmaterialien
Motiviert weiterlesen

Leseheftchen

Förderziele

- Motivation zum selbstständigen Lesen

Material und Anwendung

Herstellung und Beschaffung

- mehrere Seiten zu einem kleinen „Buch" zusammenheften und mit einem schönen Einband versehen
- auf jeder Seite steht nur ein Wort
- verschiedene Leseheftchen mit ansteigendem Schwierigkeitsgrad, zunächst nur einfache, lautgetreue Wörter (Kopiervorlagen siehe Teil IV, S.133)

Einsatz und Handhabung

- Kind liest die einzelnen Wörter
- Kind stellt selber Leseheftchen her, indem es Bilder malt und die Wörter schreibt oder mit dem Druckkasten druckt

Variation

- Phonogrammleseheftchen: das Phonogramm ist jeweils rot geschrieben
- Leseheftchen mit Abbildung des jeweiligen Wortes

Kontrolle

- entfällt

Bild-Lesekarte

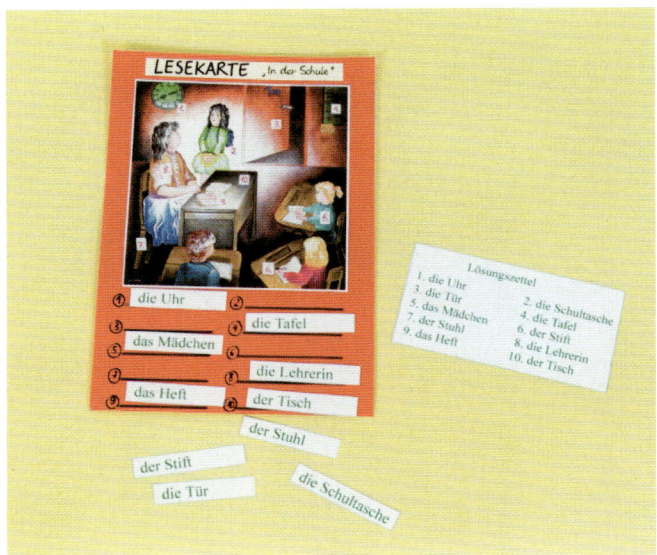

Förderziele

- Motivation zum sinnerfassenden Lesen
- Wortschatzfestigung bzw. -erweiterung

Material und Anwendung

Herstellung und Beschaffung

- Situationsbild
- Gegenstände/Personen auf dem Bild mit Nummern versehen
- Wortkarten mit den Namen der Gegenstände/ Personen
- unten auf der Lesekarte sind nummerierte Linien, auf die die Wortkarten gelegt werden

Einsatz und Handhabung

- Kind nimmt eine Wortkarte
- Kind schaut auf dem Bild, welchen Gegenstand das Wort bezeichnet
- Kind legt die Wortkarte an die entsprechende Nummer im unteren Teil der Bild-Lesekarte

Variation

- Die Wörter können auch auf die zuvor laminierte Lesekarte mit einem abwischbaren Folienstift geschrieben werden

Kontrolle

- Nummern auf der Rückseite der Wortkarten entsprechen den Nummern der Gegenstände

| Motiviert lesen lernen! | Zusatzmaterialien Motiviert weiterlesen |

Die Körperteile des Menschen

Förderziele

- Motivation zum Lesen
- Erweiterung und Festigung des Wortschatzes

Material und Anwendung

Herstellung und Beschaffung

- Abbildung eines menschlichen Körpers
- Wortkarten mit den Namen der Körperteile

Einsatz und Handhabung

- Kind liest die Wortkarte und ordnet sie dem entsprechenden Körperteil zu

Variation

- entsprechendes Arbeitsblatt ausfüllen
- eigenes Körperschema erstellen und Namen der Körperteile übertragen
- als Hilfestellung bei Wortschatzschwierigkeiten: Kinderlexikon mit entsprechendem Körperschema

Kontrolle

- Nummerierung der Körperteile auf der Abbildung entspricht der Nummerierung auf der Rückseite der Wortkarten

Lesedose „Tiere im Zoo"

Förderziele

- Motivation zum Lesen
- Erweiterung und Festigung des Wortschatzes

Material und Anwendung

Herstellung und Beschaffung

- verschiedene Zootiere zusammenstellen
- entsprechende Wortkarten

Einsatz und Handhabung

- Kind liest Wortkarte und ordnet sie dem entsprechenden Tier zu

Variation

- Satzstreifen mit Zusatzinformation zu jedem betreffenden Tier (vgl. Zusatzmaterial „Welches Tier ist das?")

Kontrolle

- Abbildung des Tieres auf der Rückseite der Wortkarte
- Bildwörterbuch

Tipp

Solche themenbezogenen einfachen Lesedosen lassen sich auch schön zu anderen Tiergruppen herstellen, z.B. „Wald- und Wiesentiere", „Haus- und Hoftiere" etc.

Leben auf dem Bauernhof

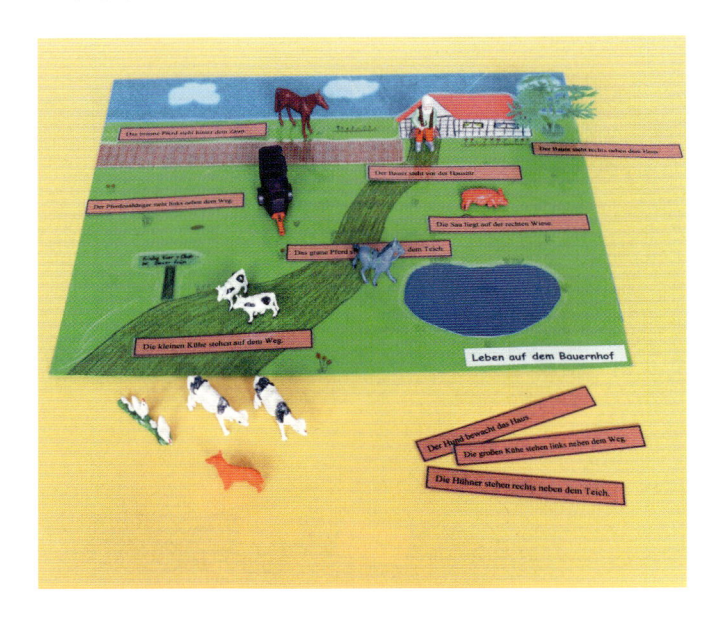

Förderziele
- Umsetzung von Schriftsprache in Handlung

Material und Anwendung

Herstellung und Beschaffung
- Karton mit Szenerie eines Bauernhofes bemalen und mit Folie überziehen
- Verschiedene Gegenstände, die zu einem Bauernhof gehören (Tiere, Bäume, Bauer, Traktor etc.)
- Satzstreifen, die beschreiben, wo die einzelnen Gegenstände auf dem Bild stehen, z.B. „Das graue Pferd steht neben dem Teich."

Einsatz und Handhabung
- Satzstreifen lesen und Gegenstand an die richtige Stelle auf das Bild stellen

Variation
- Partnerlesen

Kontrolle
- Foto von dem fertigen Bild

Tipp
Zur Herstellung einer solchen Leseübung bieten sich natürlich auch andere Themen wie Zoo, Wohnung, Klassenzimmer an.

Die Oma

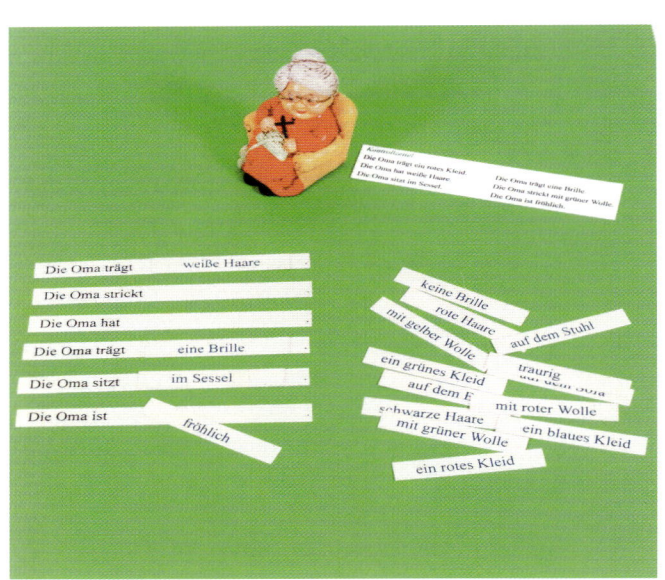

Förderziele
- Sinnentnehmendes und genaues Lesen

Material und Anwendung

Herstellung und Beschaffung
- Figur (hier: eine alte Spardose in Form einer strickenden Großmutter) oder ein Gegenstand, der sich mit abwechslungsreichen Sätzen beschreiben lässt.
- Satzstreifen mit Satzanfängen und einer Lücke für das fehlende Satzende
- zahlreiche Wortkarten mit verschiedenen Möglichkeiten, die angefangenen Sätze zu beenden

Einsatz und Handhabung
- Satzstreifen lesen und die möglichen Ergänzungen mit dem Aussehen und der Tätigkeit der Oma vergleichen
- Inhalt muss genau gelesen werden, da es für jeden Satzanfang mehrere Endungsmöglichkeiten gibt.

Variation
- Partnerlesen

Kontrolle
- Kontrollzettel mit den richtigen Sätzen oder Nummern auf der Rückseite

Motiviert lesen lernen!

Zusatzmaterialien
Motiviert weiterlesen

Wer küsst den Frosch?

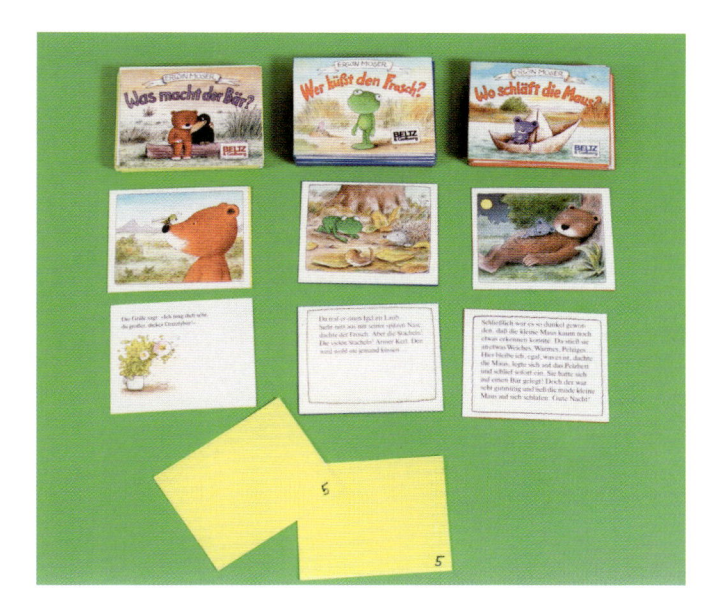

Förderziele

- Lesen erster kurzer und längerer Texte

Material und Anwendung

Herstellung und Beschaffung

- Bilderbücher, in denen der Text auf der einen Seite mit dem Bild auf der anderen Seite genau übereinstimmen
- zwei Exemplare eines Bilderbuches zum Auseinanderschneiden
- Text und Bild auf eine Pappe kleben
- Texte und Bilder durchnummerieren (Selbstkontrolle)

Einsatz und Handhabung

- Bilder entsprechend der Nummerierung auslegen
- Text nehmen und lesen
- passendes Bild suchen und Text dazu legen

Variation

- eigene Texte zu Bildern einer Geschichte schreiben und entsprechendes Material herstellen
- Partnerlesen

Kontrolle

- Bilder und Texte umdrehen und Zahlen auf der Rückseite vergleichen

Tipp

Zur Herstellung dieser Leseübung eignen sich die vielen verschiedenen Bilderbücher von Erwin Moser (Verlag Beltz und Gelberg).
Diese Bücher gibt es mit sehr kurzen Texten, z.B. „Was macht der Bär", mit längeren Texten, z.B. „Wer küsst den Frosch?" und mit langen Texten, z.B. „Wo schläft die Maus?" und lassen sich daher vielfältig einsetzen.

Bücher mit kurzen Texten von Erwin Moser
1. Was macht der Bär?
2. Der Bär und seine Freunde
3. Der glückliche Bär

Bücher mit längeren Texten von Erwin Moser
1. Wer küsst den Frosch?
2. Die Maus im All
3. Die fliegende Kiste

Bücher mit langen Texten von Erwin Moser
1. Wo schläft die Maus?
2. Mäusezirkus
3. Die Igelkinder
4. Das kleine Kürbisboot

| Motiviert lesen lernen! | Zusatzmaterialien / Motiviert weiterlesen |

Lesedose „Fingeralphabet"

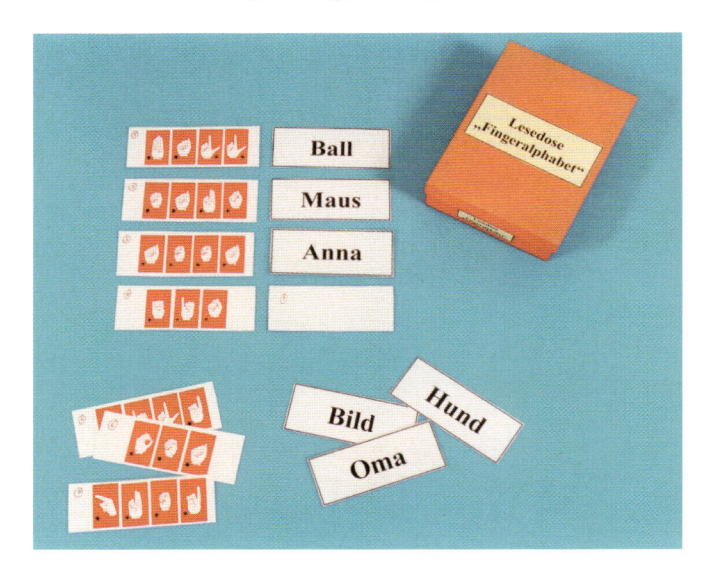

Förderziele

- Motivation zum Lesen durch Einsatz des Fingeralphabetes
- Sicherheit im Umgang mit dem Fingeralphabet

Material und Anwendung

Herstellung und Beschaffung

- Wortkarten, deren Wörter mit dem Fingeralphabet dargestellt sind
- Wortkarten mit dem entsprechenden Schriftbild

Einsatz und Handhabung

- Kind erliest die Fingeralphabet-Wortkarte und ordnet die entsprechende Schriftbild-Wortkarte zu
- Kind liest alle ausgelegten Wörter

Variation

- Partnerlesen: Ein Kind nimmt die Fingeralphabet-Wortkarten und „fingert" die Wörter, das andere Kind erliest die „gefingerten" Wörter und sucht die entsprechende Schriftbild-Wortkarte

Kontrolle

- Nummerierung auf der Rückseite beider Wortkarten

Partnerlesen „Fingeralphabet"

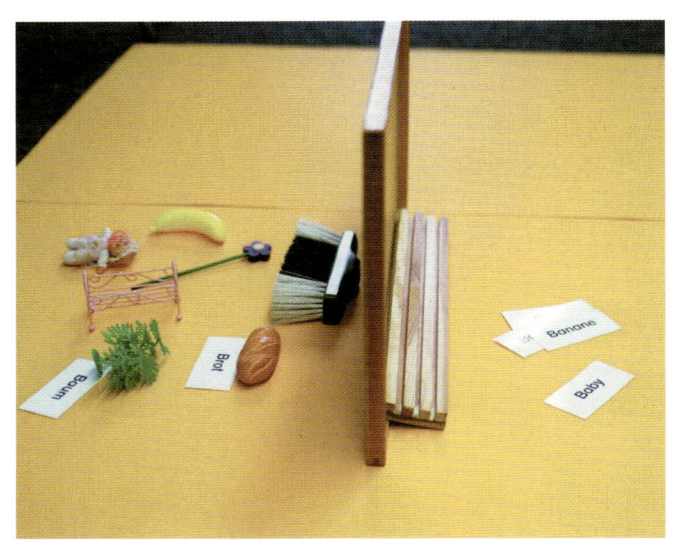

Förderziele

- Übertragung des Schriftbildes in das Fingeralphabet
- Sicherheit im Umgang mit dem Fingeralphabet

Material und Anwendung

Herstellung und Beschaffung

- Gegenstände
- Wortkarten mit den Bezeichnungen der Gegenstände
- Sichtschutz zum Verdecken der Wortkarten

Einsatz und Handhabung

- Kinder sitzen sich gegenüber mit Sichtschutz
- ein Kind liest eine Wortkarte und „fingert" das Wort
- zweites Kind erliest das Wort und nimmt entsprechenden Gegenstand

Variation

- auch für hörgeschädigte Kinder: Anstelle des Fingeralphabetes Ablesen der Wörter vom Mund

Kontrolle

- Bild des Gegenstandes auf der Rückseite der Wortkarte

Tipp

Damit die Kinder nicht vom ersten Buchstaben auf das Wort bzw. den Gegenstand schließen, bietet es sich an, Wörter mit dem gleichen Anfangsbuchstaben zu wählen

| Motiviert lesen lernen! | Zusatzmaterialien
Motiviert weiterlesen |

Gebärden-Lesedose „Tiere"

Gebärden-Lesedose „Sätze"

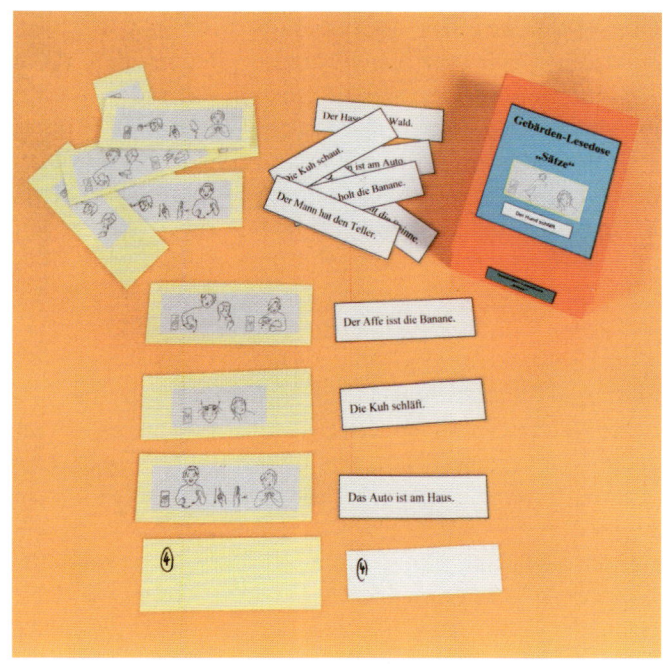

Förderziele

- Festigung und Verknüpfung des Schrift- und Gebärdensprachwortschatzes

Material und Anwendung

Herstellung und Beschaffung

- Die Abbildungen der Gebärden und der Tiere sind dem „Sprach-Malbuch mit Gebärden", Band 1 und 2 (Verlag hörgeschädigte Kinder) entnommen
- Gebärden und Tiere kopieren und auf Karton kleben
- Wortkarten mit den Namen der Tiere

Einsatz und Handhabung

- Tierbilder auslegen
- Kind liest die Wortkarten und ordnet sie den Bildern zu
- Kind nimmt die Karte mit den Gebärden, führt die Gebärde aus und ordnet sie zu

Variation

- Partnerlesen: Ein Kind gebärdet das Wort, zweites Kind sucht Wortkarte und Bild

Kontrolle

- Nummerierung auf der Rückseite der Wort-, Bild- und Gebärdenkarte

Förderziele

- Festigung und Verknüpfung des Schrift- und Gebärdensprachwortschatzes

Material und Anwendung

Herstellung und Beschaffung

- Die Abbildungen der Gebärdensätze sind dem „Sprach-Malbuch mit Gebärden", Band 1 und 2 (Verlag hörgeschädigte Kinder) entnommen
- Gebärdensätze kopieren und auf Karton kleben
- dem Inhalt der Gebärdensätze entsprechende Schriftsprachsatzstreifen herstellen

Einsatz und Handhabung

- Gebärdensatzstreifen lesen
- entsprechenden Schriftsprachsatzstreifen zuordnen

Variation

- Kind liest Gebärdensatzstreifen und schreibt eigenständig den Satz auf. Selbstkontrolle über Schriftsprachsatzstreifen
- Partnerlesen

Kontrolle

- Nummerierung auf der Rückseite beider Satzstreifen

| Aktiv die Funktionen der Wortarten erfahren! | Grundlegende Informationen |

Grundlegende Informationen

Die Grundlage für Montessoris Konzept zur Erschließung der Wortarten basiert auf dem Ziel, dass sich das Kind zunächst die Funktion der Wortarten im handelnden Umgang mit Dingen seiner Umgebung erschließt, bevor es im Weiteren auch lernt, die Wortarten als solche zu erkennen und zu benennen. Montessori möchte, dass das Kind durch sein eigenes Tun auf die Funktion der Wortarten aufmerksam wird.

Montessori hat den verschiedenen Wortarten entsprechende Symbole zugeordnet. Mit Hilfe dieser Symbole sind die Kinder schon sehr früh in der Lage, die verschiedenen Wortarten zu erkennen und voneinander zu unterscheiden. Durch das Legen der Symbole über die Wörter ist es ihnen geradezu spielerisch möglich, sogar ohne Kenntnisse der Bezeichnung der verschiedenen Wortarten, einen Satz hinsichtlich seiner Wortarten zu analysieren. Die Symbole für die verschiedenen Wortarten veranschaulichen somit kindgerecht den eigentlich sehr abstrakten Grammatikstoff.

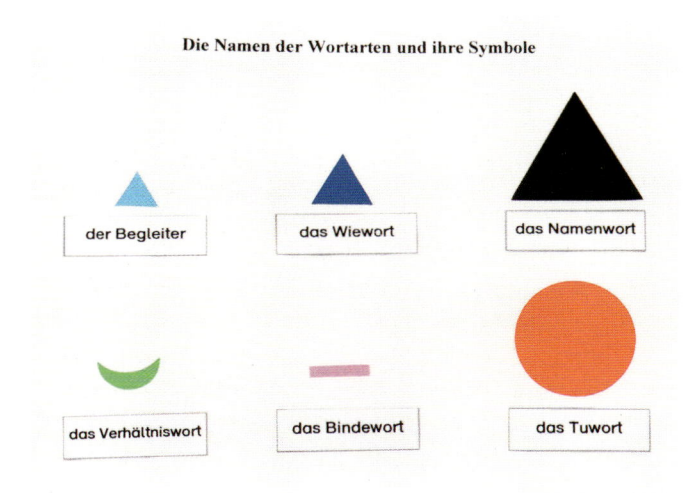

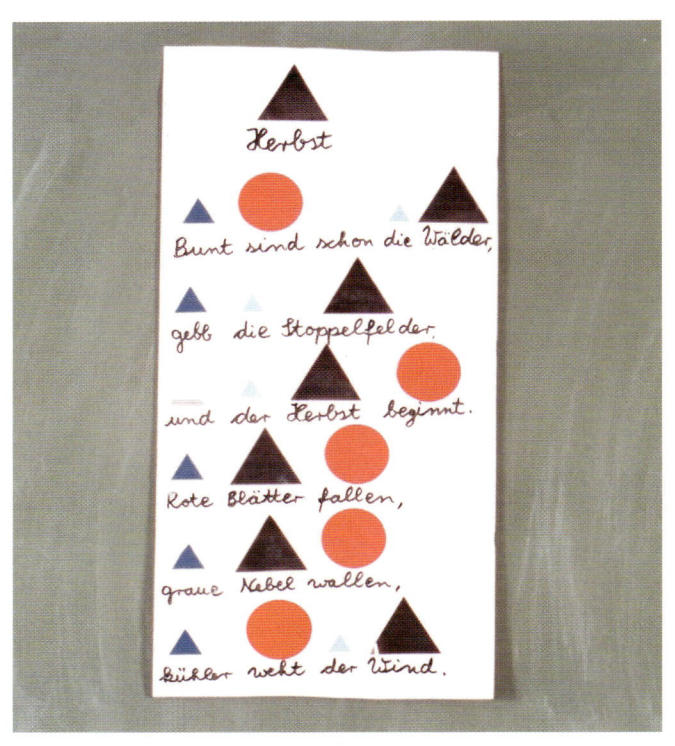

Beispiel für einen Text mit Symbolen

Die Namen der Wortarten und ihre Symbole

- der Begleiter
- das Wiewort
- das Namenwort
- das Verhältniswort
- das Bindewort
- das Tuwort

Montessoris Symbole für die verschiedenen Wortarten

Unsere Erfahrung zeigt, dass dieses methodische Vorgehen insbesondere Kindern mit besonderem Förderbedarf einen motivierenden und auch kindgerechten Zugang ermöglicht, um Einsicht in die Struktur von Sprache zu gewinnen. Für Kinder, die keinen natürlichen (Deutsch-) Spracherwerb haben, wie beispielsweise gehörlose Kinder oder Kinder, die Deutsch als Fremdsprache erlernen, bietet es sich an, bereits früh mit der Einführung der Wortarten zu beginnen, da dies einen weiteren und in diesem Fall sehr ansprechenden Zugang zum komplexen System der deutschen Sprache darstellt.

Die verschiedenen Formen der Symbole stehen im engen Zusammenhang zu der Funktion der jeweiligen Wortart, die sie repräsentieren. Aus diesem Grund ist das Symbol für die Verben ein roter Kreis, der die Bewegung als Charakteristikum des Verbs wiedergeben soll. Einen Kontrast dazu stellt das Symbol für das Nomen, ein großes, schwarzes Dreieck, dar. Nomen bezeichnen in der Regel Gegenstände, die ähnlich wie das Dreieck „stehen" können, d.h. eher statische Eigenschaften haben.

Nach einer Einführungslektion in die Funktion der bestimmten Wortart erhält das Kind die Symbole, die es über die entsprechenden Wörter legt, klebt oder malt. Die mit den Symbolen versehenen Wörter, Sätze oder Texte sehen sehr ästhetisch aus und wirken daher im hohem Maße visuell ansprechend.

Über die von Montessori entwickelten Symbole hinaus lässt sich die Funktion der Wortarten unserer Meinung nach auf besonders eindrücklicher Weise mittels dreidimensionaler Symbole aus Ton bzw. Modelliermasse darstellen. So ist das Symbol für das Verb eine rote Kugel, die tatsächlich in der Lage ist, sich fortzubewegen, „etwas zu tun". Auf diese Weise wird der Bewegungsaspekt der meisten Tuwörter sehr anschaulich verdeutlicht. Entsprechend wird das Namenwort durch ein Dreieck, das ebenso stehen kann, wie viele Namenwörter (Gegenstände), symbolisiert.

| Aktiv die Funktionen der Wortarten erfahren! | Grundlegende Informationen |

Materialbeschreibung

- Klassenzimmer mit Zubehör
- Papierstreifen, Stifte, Schere
- Kasten mit den Wortsymbolen
- Dose mit Wortkarten
- ggf. dreidimensionale Symbole aus Modelliermasse
- ggf. vergrößerte Symbole aus Moosgummi zur Arbeit an der Tafel
- Materialien zur eigenständigen Vertiefung

Das schwarze Dreieck „steht" für Substantive. Die rote Kugel „rollt" für Verben.

Mit Blick auf den Unterricht für Kinder mit sonderpädagogischem Förderbedarf haben wir die wichtigsten Wortarten gezielt ausgewählt: das Nomen, der Artikel, das Adjektiv, das Verb, die Konjunktion „und" sowie die Präposition. Da der Artikel und das Adjektiv zum Nomen gehören, werden sie ebenso durch Dreiecke symbolisiert und nacheinander eingeführt. Die Einführung des Verbs erfolgt anschließend. Der kontrastive Vergleich der beiden Wortarten „Nomen/Verben" verdeutlicht insbesondere, dass Wortarten Funktionen haben.

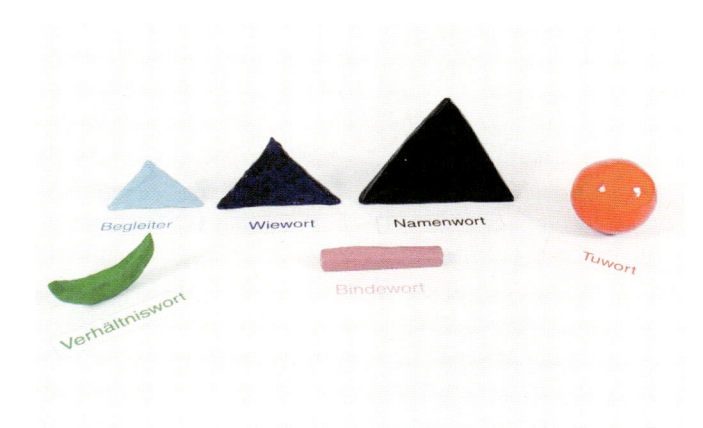

Das Klassenzimmer von Playmobil

Didaktischer Kommentar
Montessori schlägt zur Veranschaulichung der Funktion der Wortarten die Verwendung eines Bauernhofes vor. Der Bauernhof ist jedoch beliebig austauschbar, z.B. durch ein Puppengeschirr, ein Puppenhaus, eine Küche, einen Zoo oder einen Kaufladen. Nach unserer Erfahrung hat sich die Herstellung oder Anschaffung eines Miniatur-Klassenzimmers bewährt, da es dem Leben der Kinder sehr viel näher ist als beispielsweise ein Bauernhof. Außerdem hat ein Miniatur-Klassenzimmer den Vorteil, dass man manche Übungen sowohl mit dem Spielmaterial als auch mit Realgegenständen aus dem Klassenraum machen kann. Der Einsatz von Realgegenständen bietet sich vor allen Dingen bei Übungen mit mehreren Kindern oder dem gesamten Klassenverband an.

Dreidimensionale Symbole für die von uns ausgewählten Wortarten

Förderziele

- Veranschaulichung der Funktion der Wortarten
- Benennen und Erkennen von Wortarten
- Bestimmen von Wortarten im Text
- Einsicht in die Struktur von Sprache auf Wortebene gewinnen
- aufmerksam werden auf die Bedeutung der Wortstellungen

| Aktiv die Funktionen der Wortarten erfahren! | Grundlegende Informationen |

Indirekte Förderziele

- Hinführung zum differenzierten Sprachgebrauch
- Entdeckung der inneren Ordnung von Sprache
- Erweiterung des Wortschatzes
- Umsetzung von Aufträgen in Handlungen
- Sinnentnehmendes Lesen

Voraussetzung zur Einführung in die Funktion der Wortarten:

- Grundkenntnisse im Lesen und Schreiben

Die Einführung der verschiedenen Wortarten erfolgt nach Montessori in der Einzellektion, kann aber auch in der Gruppe durchgeführt werden. Bei Einführungen mit mehreren Kindern bietet es sich an, zunächst auf Realgegenstände in der Klasse zurückzugreifen. Es hat sich als sehr sinnvoll und besonders motivierend erwiesen, auf jeden Fall in der Einzelarbeit zur Vertiefung der verschiedenen Wortarten immer wieder mit dem Miniatur-Klassenzimmer oder ähnlichem Anschauungsmaterial zu arbeiten.

Die Einführungslektion erfolgt immer nach dem im Folgendem beschriebenen Schema.

Schema zur Einführung der Wortarten

I. Vorbereitende Übungen

- mündliche Sprachspiele zur Sensibilisierung für die Funktionen der Wortarten

II. Veranschaulichung der Funktion der Wortart

- L. gibt einen Auftrag, der den Aspekt der spezifischen Wortart offen lässt, z.B. bei der Einführung der Adjektive „Gib mir einen Stift".
- Kind führt den Auftrag aus und bringt einen Stift
- L. gibt so lange eine negative Rückmeldung („Nein, nicht diesen Stift!") bis das Kind näher nachfragt („Welchen Stift?")

III. Einführung des Symbols für die Wortart

- Reflektion der Lektion
- Benennen der Wortart
- Einführung des Symbols

IV. Vertiefende Übungen

- Angebot von didaktischen Materialien zur eigenständigen Vertiefung der Funktion der Wortarten
- Anlegen eines Grammatikheftes

Die vergrößerten Symbole aus Moosgummi mit Magnetstreifen auf der Rückseite eigenen sich besonders für die Arbeit im Klassenverband.

Materialbeschaffung

Tipps zum Selbermachen

Anschauungsmaterial

✓ Idee: Schulklasse im Werkunterricht selber herstellen (siehe unser Beispiel)
✓ Flohmärkte

Symbole

✓ Symbole aus Glanzpapier sollte man am besten bestellen
✓ dreidimensionale Symbole aus Fimo o.Ä.
✓ Symbole für die Tafel aus Moosgummi oder Pappe (ggf. mit Magnet)
✓ Symbole für die Freiarbeit aus Moosgummi oder Pappe
✓ Schablone mit Symbolen bei Nienhuis bestellen

Tipps zum Bestellen

✓ Symbole aus Glanzpapier oder Kunststoff sowie Bauernhof mit Zubehör bei Firma Riedl oder Nienhuis (Adressen im Anhang)
✓ Symbole aus Holz von der Firma KATO
✓ Playmobil Klassenzimmer

Aktiv die Funktionen der Wortarten erfahren!

Einführung in die Funktion der Wortart: Substantiv mit Artikel

Einführung in die Funktion der Wortarten: Substantiv mit Artikel

I. Vorbereitende Übungen

- Mündliches Sprachspiel:
  L. zeigt nacheinander auf die ausgewählten Gegenstände
- L. fragt nach den entsprechenden Namen: „Wie heißt das?" „Wie ist der Name?"
- Kind benennt den gefragten Gegenstand oder L. gibt ggf. den Namen vor

Didaktischer Kommentar
Die vorbereitenden Übungen dienen auch dazu, abzuklären, inwieweit der für diese Einführung ausgewählte Wortschatz bekannt ist.

II. Veranschaulichung der Funktion der Wortart

- L. sagt: „Ich möchte, dass du mir etwas holst. Damit du weißt, was du mir holen sollst, schreibe ich dir den Namen auf!"
- L. schreibt Namen eines ausgewählten Gegenstandes auf einen Papierstreifen
- Kind holt den gefragten Gegenstand
- L. verfährt mit 4 oder 5 weiteren Gegenständen ebenso

- Kind erhält Dose mit Wortkarten und ordnet diese den richtigen Gegenständen selbstständig zu

III. Einführung des Symbols für die Wortarten

Einführung des Symbols für Namenwörter
- L. bittet Kind eine Wortkarte zu lesen; Kind liest
- L. fragt: „Welches Wort sagt dir den Namen?"
- Kind sagt: „Schülerin".
- L. sagt: „Über den Namen legen wir das große schwarze Dreieck. Wir nennen dieses Wort „Namenwort"."

- L. zeigt das schwarze Dreieck und fragt: „Was habe ich hier?"
- Kind antwortet: „Ein Dreieck".
- L.: „Dieses Dreieck kann stehen, genauso wie die Schülerin, die Tafel, der Stuhl, der Tisch oder die Tasse. Daher ist das schwarze Dreieck unser Symbol für die Namenwörter".

| Aktiv die Funktionen der Wortarten erfahren! | Einführung in die Funktion der Wortart: Substantiv mit Artikel |

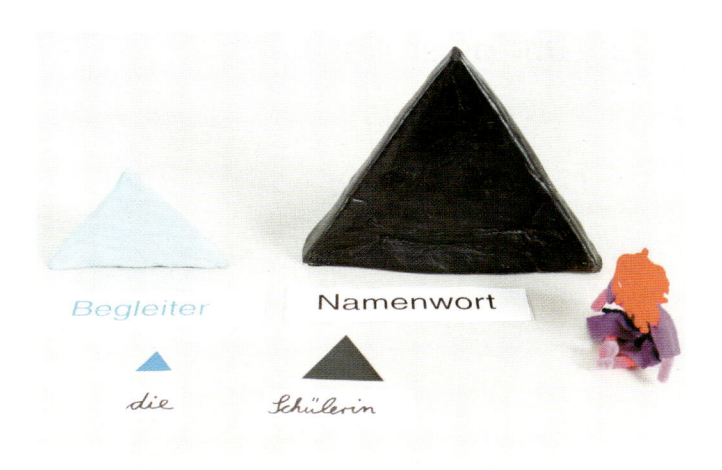

Einführung des Symbols für die Begleiter

- L.: „Über das kleine Wort, das immer das Namenwort begleitet, legen wir das kleine blaue Dreieck. Die Dreiecksform sagt uns, dass das Wort zum Namenwort gehört. Wir nennen das Wort „Begleiter"."

- L. zeigt das kleine, hellblaue Dreieck und stellt sie direkt vor das große, schwarze Dreieck.

IV. Vertiefende Übungen

- Angebot von didaktischen Zusatzmaterialien zur eigenständigen Vertiefung der Funktion der Wortart Substantiv mit Artikel (exemplarische Beispiele hierfür auf der nächsten Seite)
- Wortkarten für viele Gegenstände im Klassenraum
- Namenwörter aus alten Zeitungen herausschneiden

Wir empfehlen direkt mit der Einführung des Symbols dieses auch dreidimensional vorzustellen.

Ein von Schülerinnen und Schülern erstelltes Klassenzimmer

Aktiv die Funktionen der Wortarten erfahren!

Zusatzmaterialien
Substantiv mit Artikel

„Die Jagd nach dem Namenwort"

Förderziele

- Substantive und Artikel erkennen und die entsprechenden Symbole zuordnen

Material und Anwendung

Herstellung und Beschaffung

- Satzstreifen mit kurzen Sätzen (Kopiervorlage siehe Teil IV, S.137f)
- entsprechende Anzahl an Symbolen für die beiden Wortarten

Einsatz und Handhabung

- Lesen eines Satzstreifens
- Symbole über die Substantive und Artikel legen
- Weiterarbeiten, bis alle Satzstreifen und Symbole ausgelegt sind

Variation

- Sätze aufschreiben und Symbole über die beiden Wortarten malen
- für schreibschwache Kinder: Kontrollblatt ohne Symbole kopieren und als Arbeitsblatt verwenden, Kinder malen Symbole über die Wörter
- Substantive und Artikel aus einem Kinderbuch o.Ä. heraussuchen

Kontrolle

- Kontrollblatt (Kopiervorlage siehe Teil IV)
- Für jedes Namenwort und für jeden Artikel gibt es ein Symbol, sodass die Symbole nach Auslegen aller Satzstreifen genau aufgehen müssen

Didaktischer Kommentar
Auf die gleiche Art und Weise lassen sich auch die anderen Wortarten „erjagen"!

„Der, die oder das...?"

Förderziele

- Förderung des Sprachgefühls durch das Herausfinden der zusammengehörigen Artikel und Namenwörter

Material und Anwendung

Herstellung und Beschaffung

- Wortkarten mit Namenwörtern
- Wortkarten mit Artikeln (Kopiervorlage siehe Teil IV, S.139)

Einsatz und Handhabung

- Auswählen und Lesen einer Wortkarte mit einem Namenwort
- Wortkarte mit dem dazugehörigen Artikel davor legen

Variation

- Namenwörter mit Artikel aufschreiben und Symbole malen
- Anstelle der Wortkarten mit den Namenwörtern kann man auch Bildkarten nehmen und den entsprechenden Artikel zuordnen

Kontrolle

- die Wortkarten-Paare gehen genau auf
- Kontrollpunkte auf der Rückseite: Jeder Artikel bekommt eine eigene Farbe, die Wortkarten der Namenwörter sind entsprechend markiert

Aktiv die Funktionen der Wortarten erfahren! | Einführung in die Wortart: Adjektiv

Einführung in die Funktion der Wortarten: Adjektiv

I. Vorbereitende Übungen

- Mündliches Sprachspiel:

    L. bittet Kind, ihm einen Gegenstand zu geben, der in ähnlicher Form mehrfach vorhanden ist, zum Beispiel verschiedenfarbige Tassen
- L. stellt die Tassen auf den Tisch
- L. sagt: „Gib mir bitte eine Tasse."
- Kind gibt L. die blaue Tasse
- L.: „Nein, diese Tasse wollte ich nicht haben."
- Kind gibt die rote Tasse
- L.: „Nein, diese Tasse wollte ich auch nicht haben."
- Kind fragt: „Welche Tasse möchtest du denn haben?"
- L. sagt: „Ich möchte die gelbe Tasse."

Didaktischer Kommentar
In dieser Übung soll das Kind für die Funktion des Adjektivs sensibilisiert werden, indem es durch die Verneinungen möglichst zu der Frage: „Welche Tasse möchtest du denn haben?" geführt wird.

Dieses Sprachspiel zur Einführung der Funktion der Adjektive sollte möglichst oft in den Schulalltag eingebunden werden. Dies ist ohne Vorbereitung mit Gegenständen aus dem Klassenraum („Gib mir bitte einen Stift!") möglich.

II. Veranschaulichung der Funktion der Wortart

- L. sagt: „Ich schreibe jetzt einmal auf, was ich haben möchte." L. schreibt zum Beispiel „der Teller"
- Kind nimmt einen Teller
- L sagt: „Nein, diesen Teller möchte ich nicht."
- L. gibt dem Kind einen Zettel, auf dem er zum Beispiel „blaue" geschrieben hat.
- Kind bringt den richtigen Teller
- Kind liest noch einmal „der Teller" und „blaue"
- L. zerschneidet den Papierstreifen mit Artikel und Substantiv
- Kind probiert mit den drei Papierstreifen aus, in welche Reihenfolge sie gehören

Didaktischer Kommentar
Wichtig ist an dieser Stelle, das Kind die verschiedenen Kombinationsmöglichkeiten ausprobieren und laut lesen zu lassen, um es auf die einzig richtige Reihenfolge aufmerksam zu machen. Sollte das Kind direkt nur die richtige Reihenfolge legen, verändert die Lehrerin die Reihenfolge der Wörter so oft es möglich ist, um es auf diese Weise auf die Wichtigkeit der Wortstellung hinzuweisen!

„Nein, diesen Teller möchte ich nicht haben!"

| Aktiv die Funktionen der Wortarten erfahren! | Einführung in die Wortart: Adjektiv |

- Es werden mehrere Übungen dieser Art gemacht, bis das Kind ganz sicher nach dem Adjektiv fragt, bevor es einen Auftrag ausführt. Damit zeigt es, dass ihm die Funktion des Adjektivs bewusst geworden ist.

III. Einführung des Symbols für die Wortarten

- L. bittet Kind die drei Worte zu lesen; Kind liest
- L. fragt wie in der vorangegangenen Übung zunächst nach dem Namenwort: „Welches Wort sagt dir den Namen?"
- Kind sagt: „Teller"
- L. sagt: „Weißt du noch, welches Symbol wir über das Namenwort legen?"
- Kind legt die schon bekannten Symbole über die zwei Wörter

- L. fragt: „Welches Wort sagt dir, wie der Teller aussieht?"
- Kind antwortet: „Blaue".
- L. sagt: „Über das Wort, das uns sagt, wie der Teller aussieht, legen wir das dunkelblaue Dreieck. Die Dreiecksform sagt uns, dass das Wort zu dem Namenwort gehört. Weil uns das Wort sagt, wie etwas aussieht oder ist, nennen wir das Wort „Wiewort"."

- L. zeigt das dunkelblaue Dreieck und lässt das Kind dieses zwischen die bereits eingeführten Dreiecke stellen

IV. Vertiefende Übungen

- Angebot von didaktischen Zusatzmaterialien zur eigenständigen Vertiefung der Funktion der Wortart „Adjektiv" (exemplarische Beispiele hierfür auf der folgenden Seite)

Aktiv die Funktionen der Wortarten erfahren!

Zusatzmaterialien
Einführung in die Wortart: Adjektiv

Lesedose „Schuhe und Stiefel"

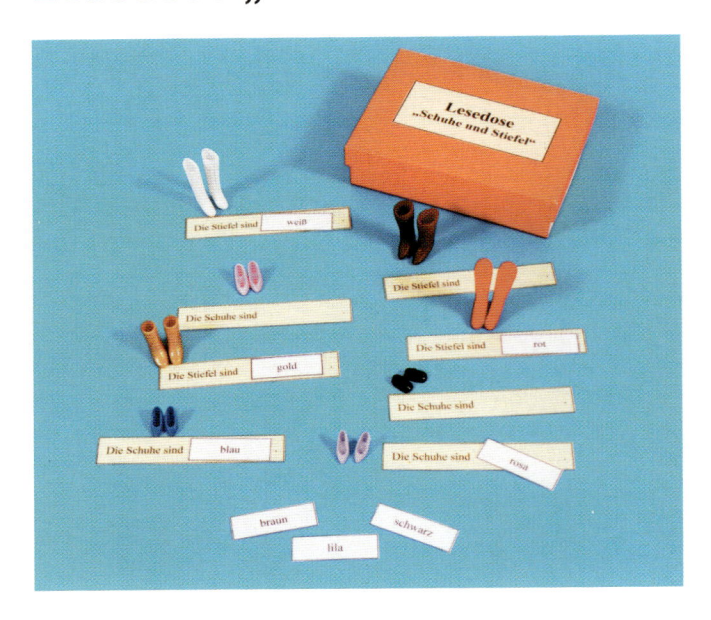

Förderziele

- aufmerksam werden auf das Adjektiv und seine Funktion
- Festigung des Wortfeldes „Farben"

Material und Anwendung

Herstellung und Beschaffung

- verschiedenfarbige Gegenstände einer Gattung, hier Schuhe und Stiefel
- Satzstreifen mit Lücken für das Adjektiv

Einsatz und Handhabung

- Schuhe und Stiefel hinstellen
- Satzstreifen mit entsprechendem Adjektiv zuordnen
- lautes Lesen aller Sätze

Variation

- Symbole über die Adjektive legen
- Sätze aufschreiben und Symbole malen

Kontrolle

- Wortkarten haben auf der Rückseite entsprechend farbige Markierung

Das logische Adjektivspiel

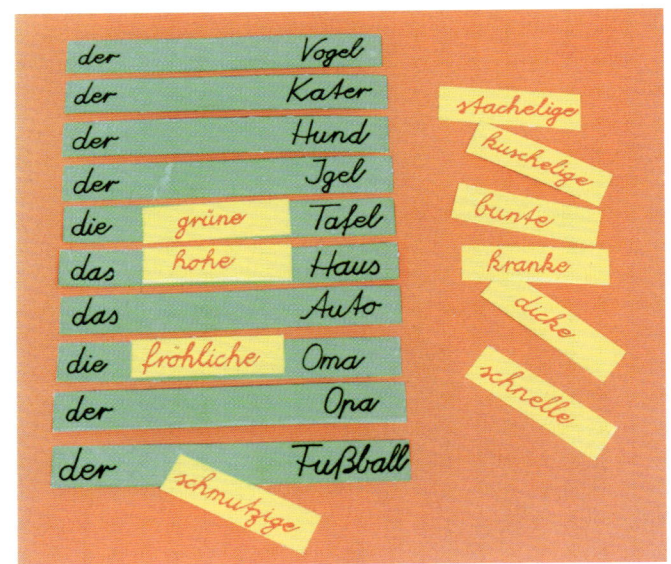

Förderziele

- Erfahren der Funktion des Adjektivs
- logisches Kombinieren der Wortarten Artikel / Substantiv mit einem Adjektiv

Material und Anwendung

Herstellung und Beschaffung

- Wortstreifen mit Artikel und Substantiv, zwischen beiden Wortarten eine Lücke lassen
- Wortkarten mit verschiedenen Adjektiven (Kopiervorlage siehe Teil IV, S.140ff)

Einsatz und Handhabung

- Auslegen der Lücken-Wortstreifen
- Lesen eines Satzstreifens
- Kind sucht ein passendes Adjektiv heraus und legt die Wortkarte in die Lücke des Wortstreifens

Variation

- Symbole über die Wortkarten legen
- Aufschreiben der drei Wortarten mit Symbolen
- lustige Variation: die Kinder dürfen möglichst unsinnige Kombinationen der drei Wortarten legen und diese vorlesen, z.B. „das fröhliche Auto"

Kontrolle

- Nummerierung auf der Rückseite der Wortkarten
- Kontrollblatt (Kopiervorlage siehe Teil IV, S.140)

Aktiv die Funktionen der Wortarten erfahren! | Einführung in die Wortart: Verb

Einführung in die Funktion der Wortarten: Verb

I. Vorbereitende Übungen

- Mündliches Sprachspiel:
  L. greift eine aktuelle Alltagssituation auf
- L. sagt: „In der Schule sind viele Kinder, die malen, schreiben, lesen und in die Pause gehen. Was machen die Kinder in der Pause?"
- Kinder antworten: „Spielen.", „Laufen.", „Springen.", „Schaukeln.", usw.

- L. verteilt Wortkarten mit Bewegungsaufträge, z.B. „Spring!", „Lauf!", „Stampf!"
- Kinder lesen den Auftrag und führen ihn aus
- Die anderen Kinder raten die dargestellte Tätigkeit

Didaktischer Kommentar
Dieses Sprachspiel zur Einführung der Funktion der Verben sollte möglichst oft in den Schulalltag eingebunden werden. Dies ist auch ohne Vorbereitung mit mündlichen Bewegungsaufträgen möglich.

II. Veranschaulichung der Funktion der Wortart

Didaktischer Kommentar
Die Veranschaulichung der Funktion der Wortart „Verb" wird verdeutlicht durch die Gegenüberstellung von Nomen und Verben. Auf diese Weise wird den Kindern der Unterschied zwischen Tätigkeit und Gegenstand besonders eindrücklich vor Augen geführt.

1. Schritt

- L. wiederholt die Übung zur Einführung der Funktion der Namenwörter
- L. sagt: „Hole mir das, was ich dir jetzt aufschreibe!"
- L. schreibt z.B. „Schwamm", „Buch", „Stift"
- Kind holt die Gegenstände

2. Schritt

- ohne weiteren Kommentar schreibt L. jetzt „Hüpf!" oder „Stampf!"
- vermutlich führt das Kind die Tätigkeit aus

3. Schritt

- die zuvor geholten Gegenstände liegen vor dem Kind
- L. macht Kind darauf aufmerksam, dass jeder Gegenstand einen Namen hat
- L. sagt: „Gib mir den Schwamm!" und/oder „Gib mir das Buch!"
- ohne Kommentar sagt L.: „Gib mir hüpfe!"
- L. wartet auf Reaktion des Kindes
- vermutlich kommt das Kind zum Ergebnis „Geht nicht!"

| Aktiv die Funktionen der Wortarten erfahren! | Einführung in die Wortart: Verb |

Nun werden die zwei verschiedenen Aufträge verglichen:

III. Einführung des Symbols für die Wortart

- L. zeigt auf die Gegenstände mit den Wortkarten mit den Namenwörtern und sagt: „Weißt du noch, wie wir diese Wörter nennen?"
- Kind antwortet: „Namenwort."
- L. sagt: „Diese Namenwörter können wir sehen und sogar auch anfassen. Sie stehen vor uns, genau wie unser schwarzes Dreieck."

- L sagt: „Das Wort „hüpfe" ist kein Namenwort. Wir können es nicht hier hinstellen und anfassen. Wir können es nur sehen, während wir es tun. Deshalb nennen wir dieses Wort „Tuwort"."

- L. rollt die rote Kugel über den Boden und sagt: „Wenn ich etwas tue, bewege ich mich. Genau wie diese rote Kugel."

- L. legt über die Wortkarten mit den Verben den roten Kreis und sagt: „Deshalb ist der rote Kreis das Symbol für die Tuwörter."

IV. Vertiefende Übungen

- Angebot von didaktischen Zusatzmaterialien zur eigenständigen Vertiefung der Funktion der Wortart „Verb" (exemplarische Beispiele hierfür auf den folgenden Seiten)

V. Vertiefende Übungen zu Besonderheiten des Verbs

„Ich tue was, was du nicht siehst!"

Bei dieser Übung sollen die Kinder darauf aufmerksam gemacht werden, dass es auch Tätigkeiten gibt, die man nicht sehen kann (z.B. denken, träumen, sehen)

- L. schreibt einem Kind auf „denke" und einem anderen Kind „klatsche"
- L. fordert die beiden Kinder auf, ihre Tätigkeit auszuführen. Die anderen Kinder sollen sagen, um welche Tätigkeiten es sich handelt.
- die nicht sichtbare Tätigkeit können sie nur erraten
- L sagt: „Ihr seht, wir können auch etwas tun, was man nicht sieht. Wem fallen noch andere Beispiele ein?"

| Aktiv die Funktionen der Wortarten erfahren! | Einführung in die Wortart: Verb |

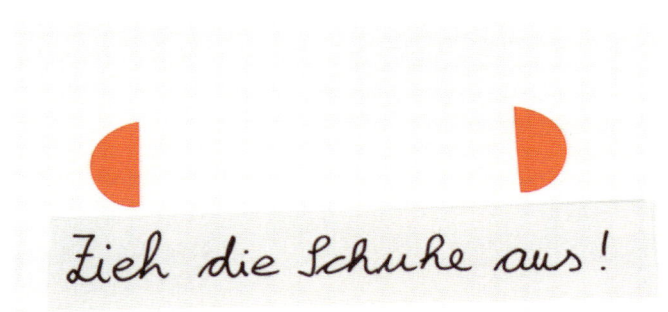

„Erst das eine, dann das andere!"

Bei dieser Übung sollen die Kinder darauf aufmerksam gemacht werden, dass es bei einigen aufeinanderfolgenden Tätigkeiten eine logische Reihenfolge gibt, die eingehalten werden muss.
- L. schreibt einem Kind eine Kombination von zwei Handlungen auf: „Nimm die Gießkanne und gieß die Blumen!"
- Kind führt die Handlung aus
- L. schneidet den Papierstreifen auseinander und legt die umgekehrte Kombination „Gieß die Blumen und nimm die Gießkanne!".
- gemeinsam mit den Kindern sammelt L. weitere Beispiele

„Zusammengesetzte Tuwörter!"

Bei dieser Übung sollen die Kinder darauf aufmerksam gemacht werden, dass es zusammengesetzte Verben gibt:
- L. schreibt einen Auftrag auf einen Papierstreifen, z.B. „Ziehe die Schuhe aus!"
- Kind führt den Auftrag aus
- L. fragt: „Welches Wort sagt dir, was du tun sollst?"
- Kind antwortet voraussichtlich: „Ziehe."
- L. fragt: „Hast du die Schuhe denn an- oder ausgezogen?"
- Kind sagt: „Ich habe die Schuhe ausgezogen."
- L. zeigt auf den Papierstreifen und fragt: „Welches kleine Wort gehört noch zu „ziehe"?"
- Kind antwortet: „Aus."
- L. sagt: „Über „ziehe" und „aus" legen wir je einen halben Kreis."
- weitere Beispiele werden gemeinsam besprochen

Aktiv die Funktionen der Wortarten erfahren!

Zusatzmaterialien
Einführung in die Wortart: Verb

Tuwörter-Dose: „Wer macht was?"

Magnet-Lesedose „Tuwörter"

Förderziele

- aufmerksam werden auf das Verb und seine Funktion
- Motivation zum sinnerfassenden Lesen

Material und Anwendung

Herstellung und Beschaffung

- verschiedene kleine Gegenstände oder Abbildungen, die Tätigkeiten darstellen
- Satzstreifen aus Karton mit den Namen der Gegenstände und Wortkarten mit den Tätigkeiten, die sie ausführen
- Satzstreifen durchnummerieren

Einsatz und Handhabung

- Kind ordnet Gegenstände, Satzstreifen und Wortkarten
- Kind liest Satz Nr. 1 und ordnet den entsprechenden Gegenstand zu
- Kind ordnet die Wortkarte mit dem entsprechenden Verb zu

Variation

- Symbole über die Wortkarten legen
- Sätze aufschreiben und Symbole malen

Kontrolle

- Nummern auf der Rückseite der Wortkarten entsprechen den Nummern der Satzstreifen

Förderziele

- aufmerksam werden auf das Verb und seine Funktion
- Benennen von verschiedenen Tätigkeiten

Material und Anwendung

Herstellung und Beschaffung

- Abbildungen von verschiedenen Tätigkeiten
- entsprechende Wortkarten
- Abbildungen und Wortkarten mit einem Magnetklebestreifen versehen

Einsatz und Handhabung

- Zuordnung der Abbildungen und Wortkarten

Variation

- Symbole über die Wortkarten legen

Kontrolle

- Abbildung und entsprechende Wortkarte haben auf der Rückseite die gleiche Nummer

Tipp

Die „Fotobox" vom Schubi-Lernmedien Verlag bietet eindeutige und ansprechende Darstellung von Verben, Adjektiven und Präpositionen, die sich vielfältig im Sprachunterricht einsetzen lassen. Ohne großen Aufwand kann man ebenso selber mit den Schülerinnen und Schülern der Klasse entsprechende Fotoserien herstellen, die einen besonderen Reiz für die Schüler darstellen!

| Aktiv die Funktionen der Wortarten erfahren! | Zusatzmaterialien
Einführung in die Wortart: Verb |

Das logische Tuwort-Spiel

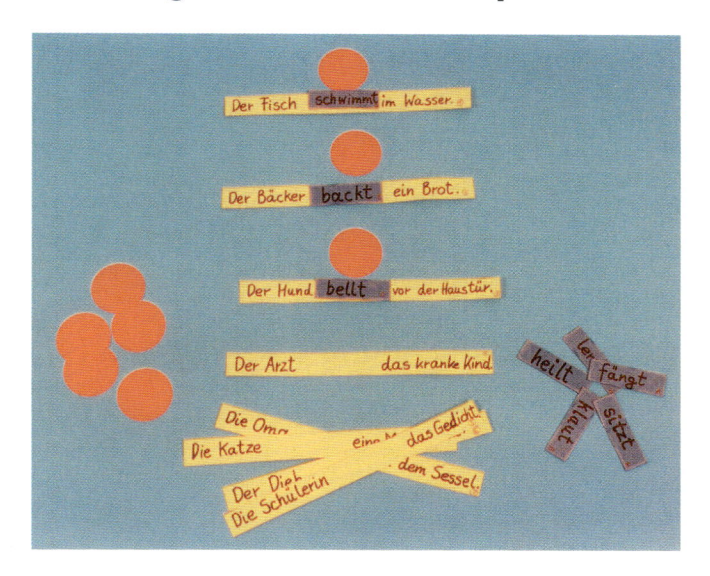

Förderziele

- aufmerksam werden auf das Verb und seine Funktion
- Motivation zum sinnentnehmenden Lesen

Material und Anwendung

Herstellung und Beschaffung

- Satzstreifen aus Karton mit einfachen Sätzen, in denen das Verb fehlt, Wortkarten mit den Verben (Kopiervorlage siehe Teil IV, S.143f).
- Die Sätze sind so gewählt, dass sich das Verb logisch erschließen lässt, z.B. „Die Katze fängt eine Maus."
- entsprechend große Anzahl an Symbolen für das Verb

Einsatz und Handhabung

- Kind liest einen Satzstreifen und sucht das passende Verb
- Kind legt über das Verb den roten Kreis

Variation

- Sätze aufschreiben und Symbole malen
- anstelle von logischen Sätzen („Der Hund bellt vor der Haustür.") kann sich das Kind witzige Sätze überlegen („Der Hund backt vor der Haustür.")
- alle bekannten Symbole über die Wörter malen

Kontrolle

- Kontrollblatt
- Nummern auf der Rückseite der Wortkarten entsprechen den Nummern der Satzstreifen

Auftragsröllchen

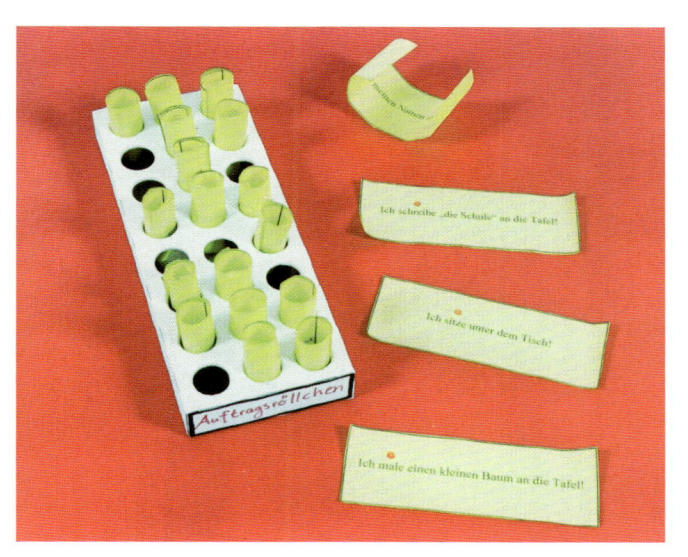

Förderziele

- aufmerksam werden auf das Verb und seine Funktion durch Umsetzung des Gelesenen in Handlung
- Motivation zum sinnentnehmenden Lesen

Material und Anwendung

Herstellung und Beschaffung

- einfache Aufträge, die die Umgebung der Klasse einbeziehen, auf Papierstreifen schreiben, z.B. „Male einen Baum an die Tafel!" „Öffne und schließe leise die Tür!"
- über dem Verb ist das Symbol für das Verb (roter Kreis) gemalt

Einsatz und Handhabung

- Kind liest den Auftrag und führt ihn aus

Variation

- als Partnerübung: ein Kind liest den Auftrag vor, das andere führt ihn aus

Kontrolle

- entfällt

Tipp

Anstelle der Auftragsröllchen: Briefumschläge mit Auftragskärtchen in einem „Briefkasten"!

| Aktiv die Funktionen der Wortarten erfahren! | Einführung in die Wortart: Präposition |

Einführung in die Funktion der Wortarten: Präposition

I. Vorbereitende Übungen

1. Mündliches Sprachspiel:
- Kinder stehen hinter ihren Stühlen
- L. gibt verschiedene Aufträge, z.B. „Setze dich auf den Stuhl!", „Hocke dich unter den Tisch!"

2. Mündliches Sprachspiel mit Gegenständen
- L. gibt Aufträge, z.B. „Hole den Schwamm und lege ihn unter den Stuhl!"

II. Veranschaulichung der Funktion der Wortart

Anschauungsmaterial: hier Blume und Blumenvase

1. Schritt
- L schreibt auf einen Papierstreifen „eine Blume"
- Kind nimmt eine Blume und legt diese unter den Papierstreifen
- L. schreibt „die Blumenvase"
- Kind nimmt die Blumenvase und stellt diese unter den Papierstreifen
- L. schreibt mit einem roten Stift „in" und legt diesen Papierstreifen zwischen die beiden anderen
- Kind liest: „eine Blume in die Blumenvase" und stellt die Blume in die Blumenvase

2. Schritt
- ohne weiteren Kommentar schreibt L. weitere Präpositionen auf Papierstreifen und tauscht diese gegeneinander aus, z.B. „vor", „unter", „hinter", „neben", „auf" usw.
- Kind probiert die verschiedenen Positionen mit der Blume und der Blumenvase aus
- zum Schluss stellen sie gemeinsam fest, dass „in" hier am besten passt

III. Einführung des Symbols für die Wortart

- L. sagt: „Die Wörter, die uns sagen, wo sich genau ein Gegenstand befindet, nennen wir „Verhältniswort". Über diese Wörter legen wir den grünen Halbmond."
- Kind legt die bekannten Symbole über die anderen Wörter

IV. Vertiefende Übungen

- Angebot von didaktischen Zusatzmaterialien zur eigenständigen Vertiefung der Funktion der Wortart „Präposition" (exemplarische Beispiele hierfür auf der folgenden Seite)

Aktiv die Funktionen der Wortarten erfahren!	Zusatzmaterialien Einführung in die Wortart: Präposition

„Wo ist die Maus?"

Förderziele

- Erkennen und Benennen verschiedener Präpositionen
- Motivation zum sinnentnehmenden Lesen

Material und Anwendung

Herstellung und Beschaffung

- entsprechend eindeutiges Bilderbuch zerschneiden z.B. hier mit der Maus von Helmut Spanner
- Bilderbuchseiten durchnummerieren
- Satzstreifen und Wortkarten mit der fehlenden Präposition aus Karton
- Kopiervorlage siehe Teil IV, S.145ff

Einsatz und Handhabung

- Bilder der Reihenfolge nach auslegen
- Satzstreifen lesen und zum richtigen Bild zuordnen
- zur richtigen Präposition zuordnen
- fertige Sätze laut lesen

Variation

- Symbole über die Wortkarten legen
- Sätze aufschreiben und Symbole malen

Kontrolle

- Nummerierung der Bilder stimmt mit den Nummern auf der Rückseite der Satzstreifen und der Wortkarten überein

„Ferien am Meer"

Förderziele

- Erkennen und Benennen verschiedener Präpositionen
- Motivation zum sinnentnehmenden Lesen

Material und Anwendung

Herstellung und Beschaffung

- entsprechendes Material z. B. auf dem Flohmarkt erstöbern
- durchnummerierte Satzstreifen mit entsprechenden Präpositionen als Wortkarten

Einsatz und Handhabung

- Satzstreifen Nr. 1 nehmen und lesen
- anhand des Materials den Satz überprüfen
- entsprechende Präposition in die Satzlücke einsetzen
- fertige Sätze laut lesen

Variation

- Symbole über die Satzstreifen legen
- Sätze aufschreiben und Symbole malen

Kontrolle

- Nummerierung der Satzstreifen stimmt mit den Nummern auf der Rückseite der Wortkarten überein

Aktiv die Funktionen der Wortarten erfahren!

Einführung in die Funktion Wortart: Konjunktion „und"

Einführung in die Funktion der Wortart: Konjunktion „und"

I. Vorbereitende Übungen

- Mündliches Sprachspiel:
  L. sagt: „Bitte hol mir einen roten und einen blauen Stift!"
- Kind holt die beiden Stifte
- L. bindet die Stifte mit einem Band zusammen und sagt: „Jetzt sind die beiden Stift zusammen!"
- L. verfährt mit weiteren Beispielen ebenso

II. Veranschaulichung der Funktion der Wortart

- L. schreibt „die Tasse" auf einen Papierstreifen
- Kind holt eine Tasse
- L. schreibt „die Untertasse"
- Kind holt eine Untertasse
- Kind liest die beiden einzelnen Wortstreifen
- L. schreibt das Wort „und" mit einem roten Stift auf und legt es zwischen die beiden ersten Wortkarten
- Kind liest „die Tasse und die Untertasse"
- L. stellt die Tasse auf die Untertasse und sagt: „Die Tasse und die Untertasse gehören zusammen!"

- L. vertauscht die beiden Wortkarten
- Kind liest „die Untertasse und die Tasse"
- L. macht das Kind darauf aufmerksam, dass sich der Sinn der Aussage durch die Umstellung nicht verändert

III. Einführung des Symbols für die Wortart: Konjunktion

- Kind legt die bereits bekannten Symbole über die Wortkarten
- L. fragt: „Welches Wort sagt dir, dass die beiden Wörter zusammen gehören?"
- Kind sagt „und"
- L. sagt: „Über das Wort „und", das die beiden Wörter verbindet, legen wir den rosa Balken. Wir nennen dieses Wort „Bindewort"."
- L. zeigt jetzt auch das dreidimensionale Symbol für das Bindewort

IV. Vertiefende Übungen/Zusatzmaterial

- Angebot an didaktischen Zusatzmaterialien zur eigenständigen Vertiefung der Funktion der Wortart Konjunktion „und" (exemplarische Beispiele hierfür auf der folgenden Seite)

| Aktiv die Funktionen der Wortarten erfahren! | Zusatzmaterialien Konjunktion „und" |

„Koffer packen"

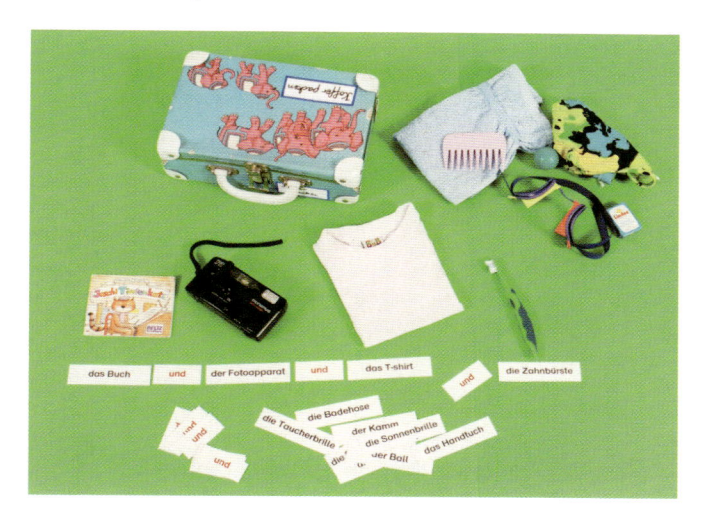

„Drei rote Stifte und ..."

Förderziele

- Wörter durch die Konjunktion „und" verbinden und in Handlung umsetzen

Material und Anwendung

Herstellung und Beschaffung

- kleiner Koffer mit verschiedenen Gegenständen, die man für einen Urlaub braucht oder entsprechende Abbildungen aus Katalogen
- Namen aller Gegenstände auf Wortkarten
- Wortkarten mit der Konjunktion „und" in rot

Einsatz und Handhabung

- Kind legt den Gegenstand, den es einpacken möchte, vor den Koffer
- Kind legt die dazugehörige Wortkarte unter den Gegenstand
- Kind legt eine Wortkarte „und" neben die erste Wortkarte
- Kind packt auf diese Weise den Koffer
- zwischen den einzelnen Wortkarten liegt immer eine Wortkarte „und"
- lautes Lesen während des Einpackens

Variation

- Symbole über die Wortkarten legen
- Aufzählung aufschreiben und Symbole malen
- vorbereitete Liste zum Koffer packen

Tipp

Anstelle des Koffers kann auch ein Einkaufskorb gepackt werden.

Förderziele

- Gegenstände durch die Konjunktion „und" in Beziehung zueinander setzen

Material und Anwendung

Herstellung und Beschaffung

- Streifen aus Karton mit einer Aufzählung von Gegenständen aus dem Klassenraum, z.B.: „das Buch und der Stift und das Radiergummi und der Schwamm"
- die Konjunktion „und" wird farblich rot hervorgehoben
- Kiste mit Symbolen für die Wortarten

Einsatz und Handhabung

- einen Streifen nehmen und lesen
- entsprechende Gegenstände aus dem Klassenraum zusammensuchen und über den Streifen legen
- Symbole über die Wörter legen

Variation

- Aufzählung aufschreiben und Symbole malen
- Gegenstände durch Adjektive näher bestimmen, z.B.: „die gelbe Kreide und die rote Schere und das blaue Papier"
- leere Streifen aus Karton, auf die das Kind seine eigenen Aufzählungen schreiben kann

III.
Materialien für den Bereich Mathematik

Keine Angst vor großen Zahlen! — Grundlegende Informationen

Grundlegende Informationen

Das mathematische Material von Montessori übt nicht nur auf Kinder eine besondere Faszination aus. Auch viele Erwachsene, die das Material kennenlernen, haben oft das Gefühl eines Aha-Erlebnisses, als erschließe sich ihnen endlich die Welt der Zahlen als klar zu erkennendes System.
Das Besondere dieses Materials liegt sicherlich darin, dass es das abstrakte System der Mathematik so anschaulich macht und auch schwierige mathematische Operationen begreifbar werden lässt. Dabei erfüllt es weit mehr als die Funktion eines Anschauungsmaterials.
Montessori ist es auf eindrucksvolle Weise gelungen, Materialien zu entwickeln, die von genialer Einfachheit sind und den Blick der Kinder auf das Wesentliche lenken. Besonders für Kinder mit sonderpädagogischem Förderbedarf ist das hier umgesetzte didaktische Prinzip der Isolation der Schwierigkeit eine entscheidende Hilfe für einen Lernerfolg.
Die Konzeption der Materialien ist bis ins kleinste Detail durchdacht und ermöglicht auf diese Weise einen anschaulichen, handlungsorientierten und gleichzeitig systematischen Aufbau von mathematischen Kenntnissen. Das Material bietet besonders Kindern mit einer Rechenschwäche die Chance, im Rahmen ihrer individuellen Möglichkeiten eine Vorstellung von Zahlen und deren Gesetzmäßigkeiten zu entwickeln.

Der „mathematische Geist"

Montessori bezeichnet den menschlichen Geist als einen mathematischen Geist. Damit bringt sie zum Ausdruck, dass mathematisches Denken und Handeln ein Teil des menschlichen Lebens sind. Überall im täglichen Leben ist der Mensch mit Aufgaben konfrontiert, bei denen er Mengen und Größen ordnen, schätzen und vergleichen muss. Die Entwicklung eines mathematischen Sinnes findet daher auch außerhalb von Schule und Mathematikunterricht statt.
Im Mathematikunterricht geht es um die Vermittlung zunehmend abstrakter werdender Inhalte. Und gerade hier haben viele Kinder im regulären Mathematikunterricht Schwierigkeiten. Die Veranschaulichungsphasen sind häufig zu kurz und das eingesetzte Anschauungsmaterial ist nicht immer geeignet. Die Kinder gelangen nicht wirklich zu einer Abstraktion, sondern versuchen sich die Formeln und Techniken einzuprägen.

Montessori möchte den Kindern mehr vermitteln als Lösungsstrategien für Rechenoperationen. Im Gegenteil, die Kinder sollen nicht im herkömmlichen Sinne rechnen lernen. Montessori möchte ihnen tiefere Einsichten in die faszinierende Welt der Zahlen ermöglichen: Sie sollen das Wesen mathematischer Vorgänge begreifen. Dies stellt für die Kinder eine großartige Erleichterung dar.

Denn haben sie einmal das Wesen einer Rechenart durchschaut, sind sie viel besser in der Lage, die zunehmend abstrakter werdenden Inhalte zu verstehen. Montessori selbst spricht von „materialisierten Abstraktionen", d.h. die Kinder gelangen im handelnden Umgang mit den didaktischen Materialien zu einer immer höheren Abstraktionsstufe. Zusätzlich sind die verschiedenen Materialien auch so konzipiert, dass sie schrittweise von konkreten zu immer abstrakteren Formen führen. Während beispielsweise beim Rechnen mit dem Goldenen Perlenmaterial die Zahl durch die exakte Perlenmenge dargestellt wird, symbolisieren beim Markenspiel verschiedenfarbige Plättchen die Zahlen.

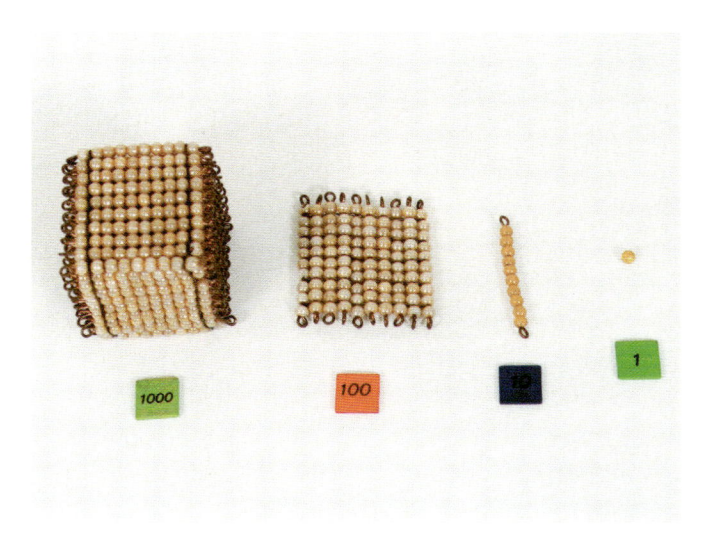

Das Goldene Perlenmaterial und das Markenspiel verdeutlichen die unterschiedlichen Abstraktionsstufen des Materials.

Das Kind sammelt vielfältige Erfahrungen mit dem Material. Die dabei ablaufenden inneren Prozesse bleiben für den Beobachter unsichtbar und können daher nicht analysiert werden. Zu beobachten ist jedoch, dass das Kind ein Material an die Seite legt, wenn es eine bestimmte Abstraktionsebene erreicht hat, auf der es ein Material nicht mehr benötigt.

| Keine Angst vor großen Zahlen! | Grundlegende Informationen |

Die Faszination des Dezimalsystems

Montessoris Ansatz unterscheidet sich von anderen Konzepten auch dadurch, dass sie das Dezimalsystem als Grundlage für die Vermittlung aller mathematischen Inhalte verwendet. Nachdem die Kinder den Zahlenraum bis 10 sicher beherrschen, werden sie in die Struktur des Dezimalsystems eingeführt.

Die Kinder erhalten nicht nur auf sprachlicher Ebene durch die Bezeichnungen Einer, Zehner, Hunderter und Tausender einen Einblick in die faszinierende Struktur des Dezimalsystems. Durch die Materialisierung der Zahlen in Form des Goldenen Perlenmaterials erfahren die Kinder ganz konkret die Mächtigkeit der Zahlen. Dieser Aspekt ist besonders für die Kinder von großer Bedeutung, die Probleme mit der Mengenvorstellung haben.

Sprechenlernen von ein- bis mehrstelligen Zahlen

Noch bevor die Kinder schließlich Rechenaufgaben lösen, lernen sie durch den Kartensatz mit den Zahlensymbolen 1 bis 9999 die Struktur des Dezimalsystems auf Symbolebene visuell eindrucksvoll kennen. Sie lernen kleine und große Zahlen zu bilden. Dabei werden Symbol und Menge immer wieder miteinander in Beziehung gesetzt. Auch das bewusste Sprechenlernen von ein- bis mehrstelligen Zahlen, wie es Montessori bei der Einführung des Kartensatzes vorsieht, ist für viele Kinder mit sonderpädagogischem Förderbedarf wichtig.

Auf diese Weise bilden Kinder, die bis 10 zählen können, bereits mit großen Zahlen Aufgaben und lösen sie. Besonders Erstklässler lassen sich von großen Zahlen faszinieren. Die übliche schrittweise Erweiterung des Zahlenraums, zunächst bis 10, dann bis 20, bis 30 usw. führt dazu, dass gerade Kinder mit einer Rechenschwäche aufgrund von Misserfolgen sehr lange in einem Zahlenraum verweilen und auf diese Weise Angst vor großen Zahlen aufbauen.

„Den Kindern das Dezimalsystem anhand eines Materials zu vermittelt, ist klar und praktisch und dabei von solcher Einfachheit, dass das Dezimalsystem zu einem für Kinder geeigneten Spielzeug werden kann. Dennoch wird dem Kind hier nicht ein Spielzeug in die Hand gegeben, sondern ein exaktes Studienmaterial, das es ihm ermöglicht, alle Schwierigkeiten zu überwinden, auf die es in den traditionellen Schulen stößt. Dort werden ihm nämlich das Zählen und das Rechnen mit dem Dezimalsystem beigebracht, ohne das es je etwas über die Erkenntnis erfährt, auf denen das System beruht." (Montessori 1934)

Zehnerüberschreitung - von Anfang an!

Für viele Kinder stellt die Überschreitung des Zehners eine Hürde dar, die sie nur sehr schwer oder sogar gar nicht überspringen. Die didaktischen Materialien von Montessori ermöglichen die aktive Umsetzung der Zehnerüberschreitung auf verschiedenen Abstraktionsstufen. Das Kind erfährt die Zehnerüberschreitung als konkretes Umtauschen der Menge 10 in den nächst höheren Stellenwert. Im Mittelpunkt steht das Goldene Perlenmaterial, mit dem die Kinder möglichst viel das Umtauschen von Stellenwerten üben.

Die Qual der (Aus-)wahl

Die Fülle an faszinierenden Materialien für den Mathematikunterricht machte es uns schwer, uns auf einige wenige zu beschränken. Für den vorliegenden Band haben wir die Materialien ausgewählt, die die Grundlagen im Mathematikunterricht vermitteln. Die *Numerischen Stangen*, die *Sandpapierziffern* und die *Ziffernbrettchen* dienen zur Einführung und Festigung des Zahlenraums bis 10. Mit dem *Goldenen Perlenmaterial* und dem *Kartensatz* erschließen sich die Kinder sowohl das Dezimalsystem als auch die Grundrechenarten. Das Goldene Perlenmaterial steht somit im Mittelpunkt des Anfangsunterrichts. Das *Markenspiel* vertieft die Einsichten in die Grundrechenarten auf einer höheren Abstraktionsstufe. Das *Streifenbrett* zur *Addition* gibt den Kindern die Möglichkeit zur Analyse und Festigung der Grundauf-

Keine Angst vor großen Zahlen!

Grundlegende Informationen

gaben im Zahlenraum bis 18. Mittels des *kleinen Multiplikationsbrettes* vertiefen die Kinder ihre Einsicht in die Struktur der Einmaleinsreihen und prägen sich diese Schritt für Schritt ein. Das *Divisionsbrett* ermöglicht ihnen, alle Zahlen bis 81 hinsichtlich ihrer Teilbarkeit zu untersuchen und auf diese Weise wichtige Erkenntnisse zum Wesen der Division und ihrer Beziehung zur Multiplikation zu erfahren.

Der Einsatz von *Zusatzmaterialien* zur Vertiefung spielt im Bereich Mathematik eine andere Rolle, als dies bei den Sprachmaterialien der Fall ist. Die Originalmaterialien sind so vielfältig einsetzbar, dass wir uns auf die Vorstellung weniger Zusatzmaterialien beschränkt haben. Bei den *Zusatzmaterialien für den Zahlenraum 0 bis 10* steht im Vordergrund, die Kinder immer wieder zum Zählen zu motivieren. Das vielfältige Angebot an Gegenständen, aber auch Bildmaterial dient zur Differenzierung der Mengenvorstellung. Die *Zusatzmaterialien zur Vertiefung der Grundrechenarten* bieten den Kindern vielfältige Übungsmöglichkeiten.

Im Unterschied zu den Sprachmaterialien, die zum großen Teil selber angefertigt werden müssen, kann man das Material für den Bereich Mathematik bei den entsprechenden Adressen (siehe Anhang) bestellen. Grundsätzlich ist es jedoch auch hier möglich, die Materialien selber herzustellen. Dazu geben wir zu jedem Material die notwendigen Tipps.

Arbeit mit selbst hergestellten „Goldenen Perlen"

Kinder angeln sich Rechenaufgaben!

Keine Angst vor großen Zahlen!

Zahlenraum von 1 bis 10
Numerische Stangen

Numerische Stangen

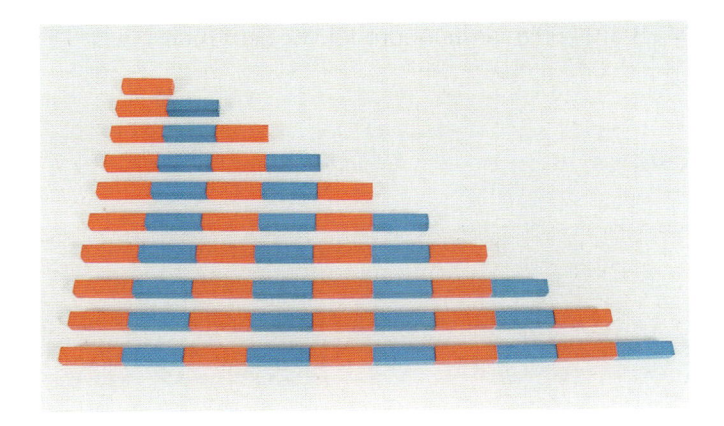

Materialbechreibung

- 10 Holzstangen (10 cm bis 100 cm)
- 1 Abschnitt beträgt 10 cm
- Abschnitt abwechselnd rot/blau

Förderziele

- taktiles Erfahren der Länge 1 bis 10 durch Abfühlen der Stangen
- visuelles Erfassen der Mengen 1 bis 10 durch die rot-blauen Abschnitte
- Erwerb der Zahlenbegriffe von 1 bis 10
- lineares Zählen von 1 bis 10

Indirekte Förderziele

- Koodinierung von Bewegungsabläufen
- Festigung von Ordnungsstrukturen

I. Einführung in drei Stufen

L. holt gemeinsam mit dem Kind die Stangen aus dem Regal und legt sie geordnet auf den Boden.

1. Stufe „Benennung der Mengen 1 bis 10 durch die L."

- Stangen ungeordnet hinlegen
- L. nimmt die kürzeste Stange und legt sie vor das Kind
- L. streicht der Länge nach über die Stange und spricht „Eins!"
- L. fordert das Kind auf, das Gleiche zu tun
- Kind streicht über die Stange und spricht: „Eins!"
- Die Stange wird mit etwas Abstand vor das Kind gelegt

- L. und Kind verfahren mit der Einführung der anderen Stangen genauso:
  L. legt die zweite Stange vor das Kind und spricht: „Das ist zwei!"
- L. streicht nacheinander über beide Abschnitte und spricht: „Eins - zwei!"
- Kind wiederholt den Vorgang
- die Zweierstange wird hinter die Einerstange geordnet

- ebenso wird mit den weiteren Stangen verfahren

Didaktischer Hinweis
Sollte die Einführung aller 10 Stangen zu schwer sein, kann die Anzahl der Stangen begrenzt werden. Wichtig ist, immer wieder beim Zählen über die einzelnen Abschnitte zu streichen.

| Keine Angst vor großen Zahlen! | Zahlenraum von 1 bis 10
Numerische Stangen |

2. Stufe „Erkennen der Mengen 1 bis 10 durch das Kind"

- Stangen liegen ungeordnet vor dem Kind
- L. nennt eine beliebige Zahl, z.B. „Gib mir die Stange vier!"
- Kind nimmt eine Stange
- L. fordert Kind auf, nachzuzählen und dabei über die einzelnen Abschnitte zu streichen

- Genauso wird mit den anderen Stangen geübt

Didaktischer Hinweis
Wichtig ist, dass L. das Kind immer wieder auffordert, beim Nachzählen über die einzelnen Abschnitte zu fühlen.

3. Stufe „Benennen der Menge 1 bis 10 durch das Kind"

- Stangen liegen ungeordnet vor dem Kind
- L. nimmt eine beliebige Stange und fragt: „Welche Stange ist das?"
- L. legt die Stange vor das Kind
- Kind benennt die Stange und streicht beim Nachzählen über die einzelnen Abschnitte der Stange

Didaktischer Hinweis
Vor dem Wegräumen sollten die Stangen immer wieder in die Ordnung 1 bis 10 gelegt werden.

Keine Angst vor großen Zahlen!	Zahlenraum von 1 bis 10 Numerische Stangen

1. Variation der Einführung

◆ Festigung der Ordnungsstrukturen

II. Vertiefende Übungen

Was kommt davor? Was kommt danach?
- Stangen liegen durcheinander
- Lehrer nimmt eine Stange und fragt: „Welche Stange kommt davor?" oder „Welche Stange kommt danach?"
- Kind zählt die Abschnitte der vorgegebenen Stange
- Kind entscheidet sich für eine Stange
- Kind zählt die Abschnitte der gewählten Stange
- Kind vergleicht die gewählte Stange mit der vorgegebenen
- Kontrolle mit 1er-Stange

◆ Umgang mit harmonischen Ordnungsstrukturen

Reihen bilden
- Legen der Stangen in verschiedene Ordnungen, zum Beispiel:
  – 2/4/6/8/10
  – 1/3/5/7/9
  – 10/1/9/2/8/3/7/4/6/5
- Aufgabenstellung:
  Kind findet Ordungsstrukturen selber
  Aufgabenkarten in Bildform
  (Kopiervorlagen siehe Teil IV, S. 148f)

◆ Zählen von 1 bis 10

Gewitter
- alle Stangen liegen durcheinander
- Stangen ordnen durch zählen, zählen, zählen!

◆ Zählen von 1 bis 10

Wie viele rote? Wie viele blaue?
- nur die roten Abschnitte oder nur die blauen Abschnitte zählen

◆ Zählen von 10 bis 1

Rückwärts zählen
- von der größten zur kleinsten Einheit zählen

◆ Vorbereitung der Addition

Einen dazu
- Stangen liegen geordnet
- 1er-Stange nehmen und abfahren
- an die 2er-Stange anlegen und beide Stangen abfahren
- die 3er-Stange vergleichend daneben legen „1 und 2 ist gleich 3"
- genauso mit den Stangen 3 (3 und 1 = 4) bis 9 verfahren (9 und 1 = 10)

| Keine Angst vor großen Zahlen! | Zahlenraum von 1 bis 10
Numerische Stangen |
|---|---|

◆ Vorbereitung der Subtraktion

Einen weg
- von der 10er-Stange ausgehend: vor der 10er-Stange liegen die 9er- und die 1er-Stange
- 1er-Stange wegnehmen
- „10 weniger 1 ist gleich 9"
- genauso mit weiteren Stangen verfahren

◆ Vorbereitung der Addition

Stangen zur 10 ergänzen
- 10er-Stange liegt vor dem Kind
- eine beliebige Stange wird ausgewählt und vor die 10er-Stange so angelegt, dass beide Enden parallel liegen, zum Beispiel 7
- Zählen der verbleibenden Abschnitte
- Suchen der entsprechenden Stange
- Kontrolle durch Anlegen der entsprechenden Stange
- weiterführend kann man es auch versprachlichen: „7 plus 3 ist gleich 10"

◆ Vorbereitung der Addition

Vier mehr
- Auswählen einer beliebigen Stange, zum Beispiel die 2er-Stange
- die 4er-Stange an die 2er-Stange anlegen
- „Wie viel ist 2 plus 4?"
- „6" Nachzählen und zum Vergleich die 6er-Stange neben die beiden Stangen legen

◆ Vorbereitung der Subtraktion

Zwei weniger
- Auswählen einer beliebigen Stange, zum Beispiel die 8er-Stange
- die 8er-Stange vor das Kind legen
- die 2er-Stange vor die letzten beiden Abschnitte eines Stangenendes legen
- „Wie viel ist 8 minus 2?"
- „6" Abzählen der verbliebenen Abschnitte der 8er-Stange und zur Kontrolle Anlegen der 6er-Stange an die 2er-Stange
- Kontrolle über Umkehraufgaben

2. Übungen mit einem oder mehreren Kindern im Raum

◆ Zählen von 1 bis 10

Wo ist die Stange?
- Stangen im Raum verteilen
- „Wo ist die 4er-Stange?"
- Kind sucht die entsprechende Stange
- Kontrolle über Zählen der Abschnitte

| Keine Angst vor großen Zahlen! | Zahlenraum von 1 bis 10
Numerische Stangen |
|---|---|

◆ Zählen von 1 bis 10

Wer hat den richtigen Stab?
- die Stangen 1 bis 10 werden an die Kinder verteilt
- Nennen einer beliebigen Zahl
- Kinder zählen ihre Stangenlänge und Kind legt die Stange auf den Boden
- zum Abschluss liegen die 10 Stangen in ihrer richtigen Ordnung auf dem Boden

◆ Festigung der Ordnungsstrukturen von 1 bis 10

Kinder-Stab-Reihe von 1 bis 10
- jedes Kind hat einen Stab
- ohne Hilfen ordnen sich die Kinder in der richtigen Reihenfolge, zum Beispiel:
  – von 1 bis 10
  – von 10 bis 1
  – 10/1/9/2/8/3/7/4/6/5 usw.

◆ Festigung der Ordnungsstrukturen
◆ Orientierung im Raum
◆ Zählen von 1 bis 10

Kinder-Stab-Gewitter
- jedes Kind hat einen Stab
- die Kinder gehen durcheinander
- L. ruft eine Zahl und das Kind mit dem entsprechenden Stab stellt sich zu ihm
- die anderen Kinder ordnen sich in der richtigen Reihenfolge um das Kind
- nach jedem Durchgang die Stäbe neu verteilen, damit die Kinder zählen und sich nicht an den vorherigen Nachbarn orientieren

◆ Orientierung im Raum
◆ Zählen von 1 bis 10

Alle Rot-Ender suchen ihre Nachbarn
- Blau-Ender stehen im Raum
- Rot-Ender suchen ihren nächst größeren Nachbarn

◆ Doppelkoordination: Körperkontrolle und Zählen von 1 bis 10

Zählen und Gehen
- jedes Kind hat einen Stab
- Kinder machen der Länge ihres Stabes entsprechend viele Schritte
- verschiedene Bewegungsformen: vorwärts/rückwärts/seitwärts/auf Zehenspitzen/usw.

Keine Angst vor großen Zahlen!	Zahlenraum von 1 bis 10 Numerische Stangen

3. Messen mit den Numerischen Stangen
- ◆ Vergleichen von Längen als Vorbereitung zum Messen

Gegenstände suchen mit einer Stange
- die Kinder nehmen sich einen beliebigen Stab und suchen entsprechend lange Gegenstände

- ◆ Schätzen von Längen

Gegenstände suchen ohne Stange
- die Kinder wählen sich eine Stange aus
- sie befühlen und ertasten die Stange auf ihre Länge
- die Stange bleibt am Platz liegen
- die Kinder suchen Gegenstände und bringen sie zum Vergleich zu der Stange

- ◆ Messen

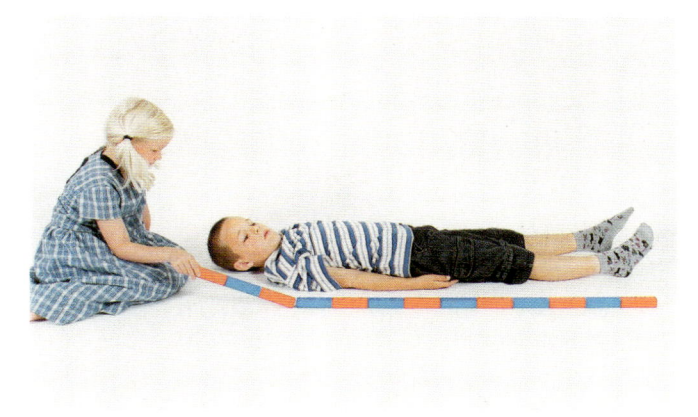

Wir groß bist du?
- Kinder messen sich gegenseitig mit Hilfe der rot-blauen Stangen
- „Du bist so groß wie die 10er-Stange und die 4er-Stange!"
- Kinder suchen sich Gegenstände, die sie mit den rot-blauen Stangen messen

Materialbeschaffung

Tipps zum Selbermachen

✔ Im Baumarkt Stangen aus Holz zuschneiden lassen
✔ Zum sauberen Gestalten der rot-blauen Abschnitte die einzelnen Felder mit Kreppklebeband markieren
✔ Idee: mit älteren SchülerInnen im Werkunterricht erstellen
✔ Kopiervorlagen für vertiefende Übungen siehe Teil IV, S. 148/149

Adressen zum Bestellen

✔ siehe Anhang

Keine Angst vor großen Zahlen!

Zahlenraum von 0 bis 9
Sandpapierziffern

Sandpapierziffern

Materialbeschreibung

- 10 Holztäfelchen mit den Ziffern 0 bis 9 aus Sandpapier

Förderziele

- Kennenlernen der Ziffern 0 bis 9 durch:
  - Verknüpfung von Name und Symbol
  - Nachfahren der Formen mit taktilkinästhetischer Reizung der Schreibhand
- Erlernen der richtigen Schreibbewegung

Indirekte Förderziele

- Schulung der Feinmotorik
- Förderung intermodaler Verknüpfungen:
  - taktil-visuell
  - taktil-akustisch
  - akustisch-visuell

Voraussetzung zur Einführung der Sandpapierziffern

- Erfahrungen im Zahlenraum von 1 bis 10

I. Einführung in drei Stufen: Benennen der Stellenwerte

Zur Einführung holt L. gemeinsam mit dem Kind die Sandpapierziffern.

1. Stufe „Benennen der Symbole durch L."

- die Zifferntäfelchen 1, 2 und 3 liegen umgedreht vor dem Kind
- L. legt die Ziffer 1 vor das Kind
- L. führt mit dem Zeige- und Mittelfinger die Schreibbewegung auf der Sandpapierziffer aus
- L. spricht: „Eins."
- L. fordert Kind auf, das Gleiche zu tun
- ebenso werden die Ziffern 2 und 3 eingeführt

Didaktischer Hinweis
Bei der Einführung der Sandpapierziffern muss die Reihenfolge nicht eingehalten werden.
Das Kind kann sich auch eine Ziffer aussuchen. L. nimmt dann zwei weitere Ziffern hinzu, damit sich diese deutlich in ihrer Form von der vom Kind gewählten Ziffer unterscheiden.

| **Keine Angst vor großen Zahlen!** | Zahlenraum von 0 bis 9
Sandpapierziffern |

2. Stufe „Erkennen der Symbole durch das Kind"

- die drei Sandpapierziffern liegen ungeordnet vor dem Kind
- L. nennt eine Zahl, z.B. „Gib mir die Zwei!"
- Kind nimmt das entsprechende Täfelchen
- Kind spricht: „Zwei!" und fährt die Form nach

3. Stufe „Benennen der Symbole durch das Kind"

- die drei Sandpapierziffern liegen ungeordnet vor dem Kind
- L. nimmt eine Tafel, zum Beispiel die Ziffer „2" und fragt: „Welche Zahl ist das?"
- L. legt die Tafel vor das Kind
- Kind antwortet: „Zwei!" und fährt die Form nach

Didaktischer Hinweis
Wichtig ist, das Kind immer wieder aufzufordern, die Ziffern zu benennen und die Form nachzufahren.

II. Übungen zur Vertiefung

◆ Erkennen der Ziffern
◆ Benennen der Ziffern

„Ziffern-Memory-I"

- die 10 Zifferntäfelchen liegen umgedreht vor dem Kind/den Kindern
- ein Kind nimmt ein Täfelchen, dreht es um und legt es vor sich
- das Kind fährt mit dem Mittel- und Zeigefinger über die Form und spricht dazu
- dann legt es das Täfelchen wieder zurück

◆ Erkennen und Benennen der Ziffern
◆ Schulung des visuellen Gedächtnisses

„Ziffern-Memory-II"

- die 10 Zifferntäfelchen liegen umgedreht vor dem Kind/den Kindern
- gemeinsam bestimmt man eine Zahl
- Ziel ist es, die festgelegte Zahl zu finden
- die Kinder drehen der Reihe nach eine Tafel um, benennen die Ziffer und fahren sie ab
- die gesuchte Ziffer sollte möglichst gefunden werden, ohne eine Tafel mehrmals umzudrehen

Materialbeschaffung

Tipps zum Selbermachen

✔ Ziffern aus Sandpapier, Samtstoff oder ähnlichem Material herstellen
✔ Ziffern auf Holztäfelchen oder dicke Pappe kleben

Adressen zum Bestellen

✔ siehe Anhang

Keine Angst vor großen Zahlen!

Zahlenraum von 1 bis 10
Numerische Stangen und Ziffernbrettchen

Numerische Stangen und Ziffernbrettchen

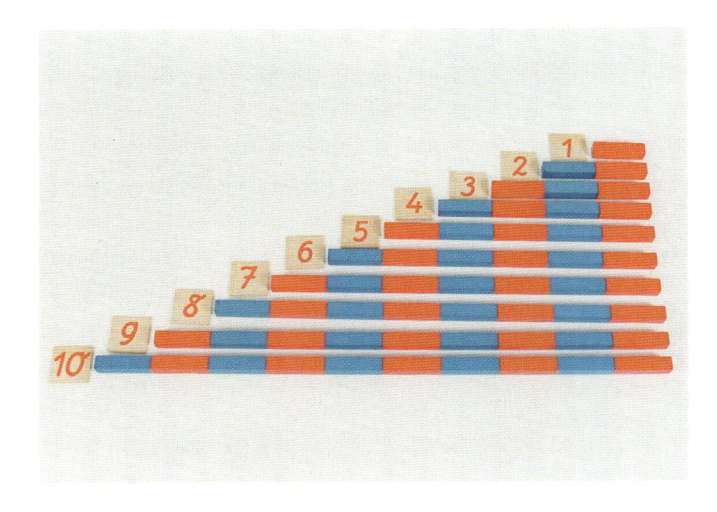

Materialbeschreibung

- Numerische Stangen
- 10 Brettchen mit den Ziffern 1 bis 10

Förderziele

- Verknüpfung von Menge und Symbol
- Festigung des Zahlenraums von 1 bis 10

Indirekte Förderziele

- Schulung der Fein- und Grobmotorik

Voraussetzung zur Kombination der Numerischen Stangen mit den Ziffernbrettchen

- Zählen von 1 bs 10
- Einführung in die Numerischen Stangen

I. Einführung: Zuordnung von Menge und Symbol

- L. legt die Ziffernbrettchen ungeordnet vor das Kind
- Kind holt die rot-blauen Stangen
- Kind ordnet die Stangen

- L. streicht über die erste Stange und sagt: „Eins."
- L. nimmt Ziffernbrettchen „1" und ordnet sie der Stange zu

Genauso verfährt L. mit der zweiten und dritten Stange. Hat das Kind den Ablauf verstanden, ordnet es die weiteren Ziffernbrettchen den entsprechenden Stangen zu.
Zum Abschluss liest das Kind noch einmal die Ziffern der Reihenfolge nach vor. Bei jeder Ziffer streicht das Kind über die einzelnen Abschnitte der zugeordneten Stange und zählt laut mit.

| Keine Angst vor großen Zahlen! | Zahlenraum von 1 bis 10
Numerische Stangen und Ziffernbrettchen |

II. Übungen zur Vertiefung

◆ Erkennen von Menge und Symbol

„Suche die passende Stange!"
- Ziffern liegen in der richtigen Reihenfolge
- Kind sucht die dazugehörige Stange und ordnet sie zu

◆ Erkennen von Menge und Symbol

„Donner und Blitz"
- Stangen („Blitze") und Ziffern („Donner") liegen durcheinander
- Kind sucht zu jeder Stange die passende Ziffer, die Ziffern bleiben dabei liegen

◆ Erkennen von Menge und Symbol

„Stangen im Versteck"
- Kind verteilt die Stangen im Raum
- Kind nimmt eine beliebige Ziffer und sucht die entsprechende Stange

◆ Zählen und Vergleichen von Mengen mit Ziffern
◆ Orientierung im Raum

„Partner gesucht!"
- Stangen und Ziffernbrettchen an Kinder verteilen
- Kinder suchen eigenständig ihren Partner, bis sich alle Ziffern und Stangen gefunden haben

◆ Vertiefen des Mengenbegriffs von 1 bis 10
◆ Übertragung des Gelernten auf die nähere Umgebung
◆ Vorbereitung der Addition

„Sachen suchen"
- Kind wählt eine Ziffer aus und sucht im Raum entsprechend viele Gegenstände (z.B. 5 Stifte)
- Kind legt Gegenstände zu den Ziffern
- Variation: Kinder können verschiedene Dinge kombinieren, zum Beispiel 2 Bücher und 1 Stift
- Variation: L. verteilt Zettel mit Zahlen als Aufträge

Didaktischer Kommentar
Die Übungen, die als Einzelübung beschrieben wurden, eignen sich auch zur Partner- oder Kleingruppenarbeit.

Materialbeschaffung

Tipps zum Selbermachen
✔ Ziffern auf Holztäfelchen oder Karten aus dicke Pappe schreiben

Adressen zum Bestellen
✔ siehe Anhang

| Keine Angst vor großen Zahlen! | Zusatzmaterialien
Zahlenraum bis 10 |

Zahlen im Sand

Förderziele
- Anbahnung und Schulung der Schreibbewegung

Material und Anwendung

Herstellung und Beschaffung
- flache Kiste (Karton, Tablett o.Ä.) mit feinem Sand (oder Dekosand)

Einsatz und Handhabung
- Kind wählt eine Sandpapierziffer, fährt die Form nach und schreibt die gleiche in den Sand

Variation
- Partnerarbeit: Kinder nennen sich gegenseitig Zahlen und schreiben sie abwechselnd in den Sand
- ein Kind schreibt eine Zahl auf den Rücken eines anderen Kindes, das die Zahl in den Sand schreibt

Kontrolle
- entfällt

„Wie viele Kreise fühlst du?"

Förderziele
- taktiles Erfahren von Menge und Ziffer
- Verbindung von Menge und Zahlensymbol

Material und Anwendung

Herstellung und Beschaffung
- 10 gleiche Streifen aus starkem Karton
- linker Seitenrand mit Zickzackmuster
- 55 Kreise und die Zahlen 1 bis 10 aus Sandpapier, Samtstoff oder ähnlichem Material (hier: Rückseite von Kunstrasenteppich)
- Mengen von 1 bis 10 linksbündig aufkleben
- entsprechende Zahlen rechtsbündig kleben
- Augenbinde

Einsatz und Handhabung
- Kind verbindet sich die Augen
- Kind mischt die Streifen
- Kind fühlt am Zickzackrand, dass es an dieser Seite beginnen muss
- Kind fühlt und benennt zuerst die Menge am linken Rand
- Kind fühlt die Zahl am rechten Rand

Variation
- Partnerarbeit: Ein anderes Kind gibt die Streifen, kontrolliert die Richtigkeit der genannten Zahl und ordnet die Streifen von 1 bis 10

Kontrolle
- Kind nimmt Augenbinde ab und kontrolliert; anschließend weden die Streifen neu gemischt

| Keine Angst vor großen Zahlen! | Zusatzmaterialien
Zahlenraum bis 10 |

„Socken auf der Wäscheleine"

„Erbsen zählen"

Förderziele

- Festigung des Zahlenraums von 1 bis 10 durch intensives Zählen
- Verknüpfung von Menge und Symbol
- Indirekt: Schulung der Feinmotorik

Material und Anwendung

Herstellung und Beschaffung

- 10 Karten aus festem Karton mit den Zahlen von 1 bis 10
- zwei Pfeiler für die Wäscheleine malen oder kleben (Karten ggf. laminieren)
- Schnur als Wäscheleine auf der Karte mit zwei Löchern in Pfeilern befestigen
- 55 Socken oder andere Kleidungsstücke (malen oder ausschneiden) in kleinem Korb
- 55 kleine Wäscheklammern

Einsatz und Handhabung

- Kind nimmt Karte und hängt entsprechend viele Socken an die Wäscheleine
- Kind zählt während des Aufhängens
- Kind zählt zur Kontrolle noch einmal

Variation

- eine Karte mit der Zahl 0

Kontrolle

- die Socken sind genau abgezählt, es darf keine Socke übrig bleiben
- Kind bittet anderes Kind, noch einmal nachzuzählen

Förderziele

- Festigung des Zahlenraums 0 bis 10 durch intensives Zählen
- Verknüpfung von Menge und Symbol
- Indirekt: Schulung der Feinmotorik

Material und Anwendung

Herstellung und Beschaffung

- 11 Streichholzschachteln
- Streichholzschachtel bekleben (hier mit farbiger Folie)
- 55 Erbsen (und einige zur Reserve!)
- Zahlenkarten von 0 bis 10

Einsatz und Handhabung

- Kind zählt die Erbsen in den Streichholzschachteln und ordnet die entsprechende Zahlenkarte zu
- Kind ordnet die Schachtel nach der Größe der Perlenmenge

Variation

- alle Streichholzschachteln sind leer
- Kind nimmt eine Zahlenkarte und füllt entsprechend viele Erbsen in die Streichholzschachtel
- Kind bittet ein anderes Kind zur Kontrolle nachzuzählen

Kontrolle

- Zahl der Erbsen steht unter der Streichholzschachtel

Keine Angst vor großen Zahlen!

Zusatzmaterialien
Zahlenraum bis 10

Domino

Förderziele

- Erkennen und benennen von Mengen
- Zuordnung von Menge und Symbol

Material und Anwendung

Herstellung und Beschaffung

- 10 Karten aus Karton
- Karte in zwei Hälften einteilen
- eine Hälfte der Karte mit Gegenständen, Tieren oder Menschen bemalen oder bekleben
- andere Hälfte mit einer Zahl beschriften
- Markierung der ersten und letzten Karte
- Karten wenn möglich laminieren

Einsatz und Handhabung

- Kind nimmt die Anfangskarte und zählt die Gegenstände
- Kind legt die Karte mit der entsprechenden Zahl an

Variation

- Partnerarbeit
- Kinder erstellen selber Rechendominos

Kontrolle

- zusammengehörige Karten auf der Rückseite mit gleichem Symbol versehen

„Dagobert Duck zählt sein Geld"

Förderziele

- Festigung des Zahlenraums bis 10 durch intensives Zählen
- Zuordnung von Menge und Zahlensymbol

Material und Anwendung

Herstellung und Beschaffung

- Schälchen mit 55 1-Cent-Stücken
- es empfiehlt sich, richtiges Geld zu verwenden, da das Zählen von wirklichen Geldstücken die Kinder besonders motiviert
- 10 Karten mit Geldsäckchen bemalen und mit den Zahlen 1 bis 10 bekleben

Einsatz und Handhabung

- die 10 Geldsäckchen liegen auf einem Haufen vor dem Kind
- Kind nimmt ein Geldsäckchen und liest die Zahl
- Kind zählt entsprechende Menge an Cent ab und legt sie auf das Geldsäckchen

Variation

- Kind legt die Geldsäckchen in der Ordnung von 1 bis 10
- Partnerarbeit

Kontrolle

- es darf kein Cent übrigbleiben
- ggf. durch ein anderes Kind

Keine Angst vor großen Zahlen!

Zusatzmaterialien
Zahlenraum bis 10

Der Zählkoffer

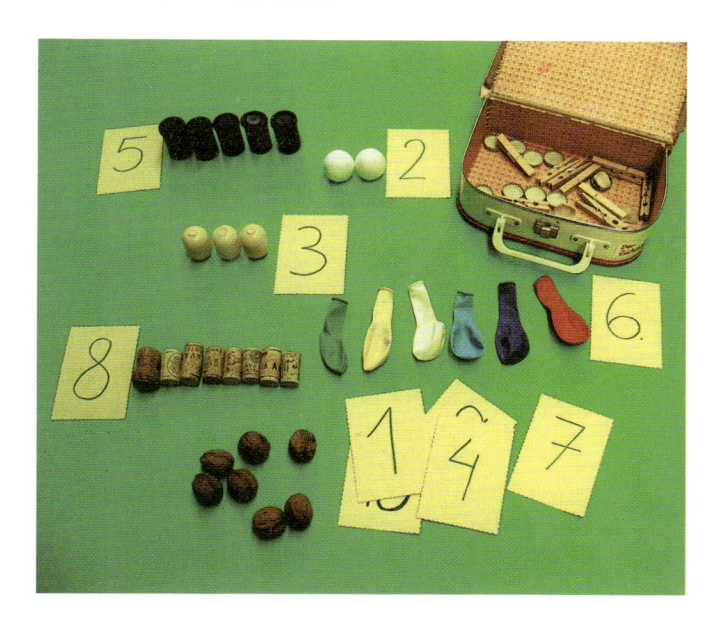

„Auf dem Spielplatz"

Förderziele

- Festigung des Zahlenraums bis 10 durch intensives Zählen
- Verknüpfung von Menge und Symbol

Förderziele

- Festigung des Zahlenraums bis 10 durch intensives Zählen
- Verknüpfung von Menge und Symbol

Material und Anwendung

Herstellung und Beschaffung

- kleiner Koffer mit einer abgezählten Menge von 10 verschiedenen Gegenständen
- Mengen entsprechen dem Zahlenraum 1 bis 10 (z.B. ein Radiergummis, 2 Bonbons, 3 Taschentücher etc.)
- Karten mit den Zahlen von 1 bis 10

Einsatz und Handhabung

- Kind ordnet die Gegenstände aus dem Koffer
- Kind zählt die Menge der vorhandenen Gegenstände einer Sorte und legt die entsprechende Ziffernkarte dazu

Variation

- die Mengen werden in der Reihenfolge 1 bis 10 ausgelegt

Kontrolle

- die Gegenstände sind genau abgezählt, es darf kein Gegenstand übrig bleiben

Material und Anwendung

Herstellung und Beschaffung

- Bilder in Zeitschriften oder alten Büchern suchen, auf denen Menschen oder Gegenstände eindeutig zu erkennen und zu zählen sind
- Bildmaterial soll den Zahlenraum bis 10 darstellen
- Bildmaterial auf feste Pappe kleben und laminieren

Einsatz und Handhabung

- Kind nimmt sich eine Bildkarte und zählt die Kinder auf der Abbildung
- Kind legt die entsprechende Ziffernkarte dazu
- Kind verfährt mit den anderen Bildkarten und Ziffernkarten ebenso

Variation

- die Bilder werden in der Reihenfolge 1 bis 10 aus gelegt

Kontrolle

- zu jeder Ziffer gibt es ein entsprechendes Bild

75

Keine Angst vor großen Zahlen!

Einführung in das Dezimalsystem
Goldenes Perlenmaterial

Goldenes Perlenmaterial

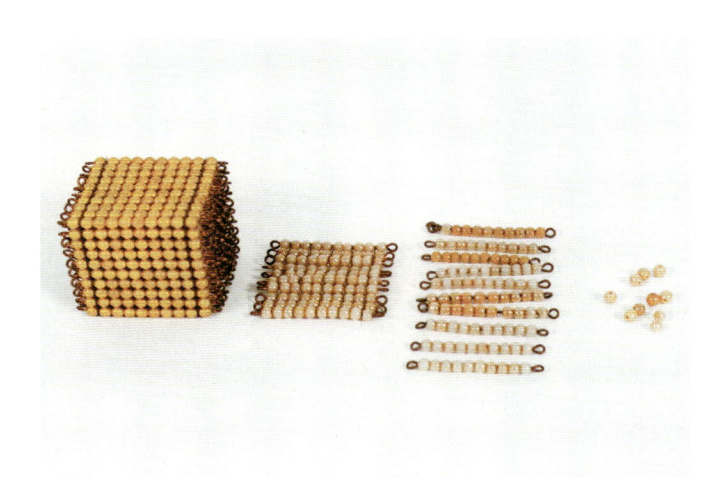

Materialbeschreibung

- Einerperlen
- Zehnerstangen
- Hunderterquadrate
- Tausenderkuben

Förderziele

- taktil-kinästhetisches Erfahren der Menge 1 bis 1000
- visuelles Erfassen der Mengen 1 bis 1000
- Namen der Stellenwerte des Dezimalsystems kennen lernen (Einer / Zehner / Hunderter / Tausender)
- Struktur des Dezimalsystems erfahren:
  Das Kind erfährt die besondere Bedeutung der Zahl 10 im Dezimalsystem

Indirekte Förderziele

- Schulung der Feinmotorik
- Förderung intermodaler Verknüpfungen:
  - optisch - handelnd
  - akustisch - optisch

Voraussetzung zur Einführung des Goldenen Perlenmaterials:

- Kennen der Mengen 1 bis 10
- Sicherheit beim Zählen von 1 bis 10

I. Einführung der Stellenwerte in drei Stufen

Zur Einführung L. gemeinsam mit dem Kind :
- 10 Einerperlen
- 10 Zehnerstäbchen
- 10 Zehnerquadrate
- 1 Tausenderkubus

1. Stufe „Benennen der Stellenwerte Einer / Zehner / Hunderter / Tausender durch die L."

- L. legt 1 Einerperle, 1 Zehner, 1 Hunderter und 1 Tausender vor das Kind
  L. nimmt den Einer und spricht: „Das ist ein Einer."
- L. fordert das Kind auf, das Gleiche zu tun
- Kind nimmt den Einer und spricht: „Das ist ein Einer!"

| Keine Angst vor großen Zahlen! | **Einführung in das Dezimalsystem
Goldenes Perlenmaterial** |

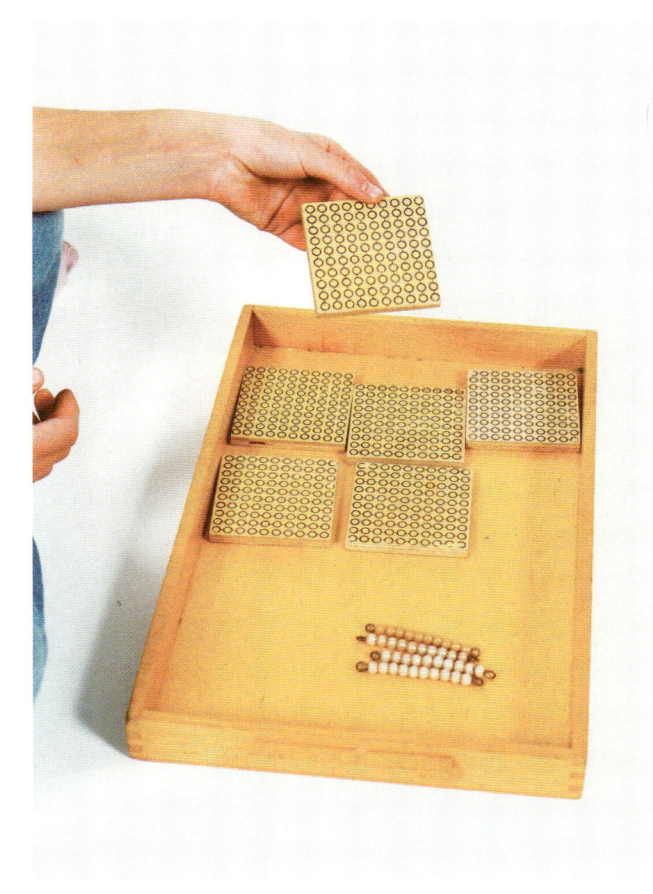

- L. und Kind verfahren mit der Einführung der Stellenwerte Zehner / Hunderter / Tausender ebenso

Didaktischer Kommentar
Das Kind erfährt die Mächtigkeit der Zahlen, indem es die Perlen in die Hand nimmt. Besonders eindrucksvoll ist der Vergleich der Einerperle mit dem Tausenderkubus.

2. Stufe „Erkennen der Stellenwerte durch das Kind"
- die vier Materialien liegen ungeordnet vor dem Kind
- L. nennt einen beliebigen Stellenwert, z.B. „Gib mir den Hunderter!"
- Kind gibt L. die entsprechende Perlenmenge

3. Stufe „Benennen der Stellenwerte E / Z / H / T durch das Kind"
- die vier Materialien liegen ungeordnet vor dem Kind
- L. nimmt ein Material und fragt: „Was ist das?"
- L. legt das Material vor das Kind
- Kind nimmt das Material in die Hand und nennt den entsprechenden Stellenwert

II. Bilden von Mengen

- L. nennt beliebige Menge eines Stellenwertes, zum Beispiel: „Bringe mir 4 Zehner!" oder „Hole 6 Hunderter!"
- das Kind holt entsprechende Menge und zählt nach
- zur weiteren Festigung nennt L. beliebige Menge verschiedener Stellenwerte: „Bring mir 3 Tausender, 2 Hunderter!" oder „Hole 5 Hunderter, 7 Zehner und 9 Einer!"
- das Kind zählt immer wieder nach

III. Benennen von Mengen

- L. legt eine beliebige Perlenmenge eines Stellenwertes vor das Kind
- das Kind zählt nach und benennt die Menge
- zur weiteren Festigung legt L. nun eine beliebige Menge verschiedener Stellenwerte vor das Kind
- das Kind zählt nach und benennt die Menge

| Keine Angst vor großen Zahlen! | Einführung in das Dezimalsystem
Goldenes Perlenmaterial |

- ◆ Umgang mit den Mengen
- ◆ Festigung der Begriffe

Didaktischer Kommentar
Zu diesem Zeitpunkt sollte die Menge der jeweiligen Stellenwerte 9 nicht überschreiten. Die Überschreitung des Zehners wird erst nach der Einführung der Kartensätze durchgeführt.

Übungen zur Vertiefung

Karteikarten zur eigenständigen Übung oder zur Partnerarbeit
- Karteikarten „Benennen von Mengen"
  Vorderseite: gemalte Perlenmenge
  Rückseite zur Selbstkontrolle: Anzahl der E, Z, H
- Karteikarten „Bilden von Mengen"
  Vorderseite: Anzahl der E, Z, H
  Rückseite: gemalte Perlenmenge

VI. Beziehung zwischen den Stellenwerten: Die besondere Bedeutung der Zahl 10

1. „1 Zehner hat 10 Einer"
- Material liegt auf einem Tablett
- L. legt 1 Einerperle, 1 Zehner, 1 Hunderter und 1 Tausender vor das Kind
- L. nimmt 1 Einer und 1 Zehner
- L. zählt mit dem Einer die einzelnen Perlen des Zehnerstäbchens ab und spricht: „1 Zehner hat 10 Einer!"
- L. fordert das Kind auf, das Gleiche zu tun

Ebenso verfährt L. mit dem Zehner und Hunderter sowie mit dem Hunderter und Tausender

„1 Zehner hat 10 Einer!"

2. „Für 10 Einer legen wir 1 Zehner!"
- Material liegt auf einem Tablett
- L. legt nacheinander 10 Einer hin und zählt dazu laut: „1, 2, 3, ... **10**!"
- L. spricht: „Für 10 Einer legen wir 1 Zehner!"
- L. legt 1 Zehner neben die 10 Einer und sammelt die Einer ein

Der Umtausch von 10 Zehnern in 1 Hunderter, bzw. von 10 Hundertern in 1 Tausender wird ebenso dargestellt und versprachlicht.

Didaktischer Kommentar
Um die Schlüsselfunktion der Zahl 10 im Dezimalsystem für die Kinder noch deutlicher herauszuheben, sollte man beim Zählen die Zahl 10 besonders betonen.

„Für 10 Zehner lege ich einen Hunderter!"

78

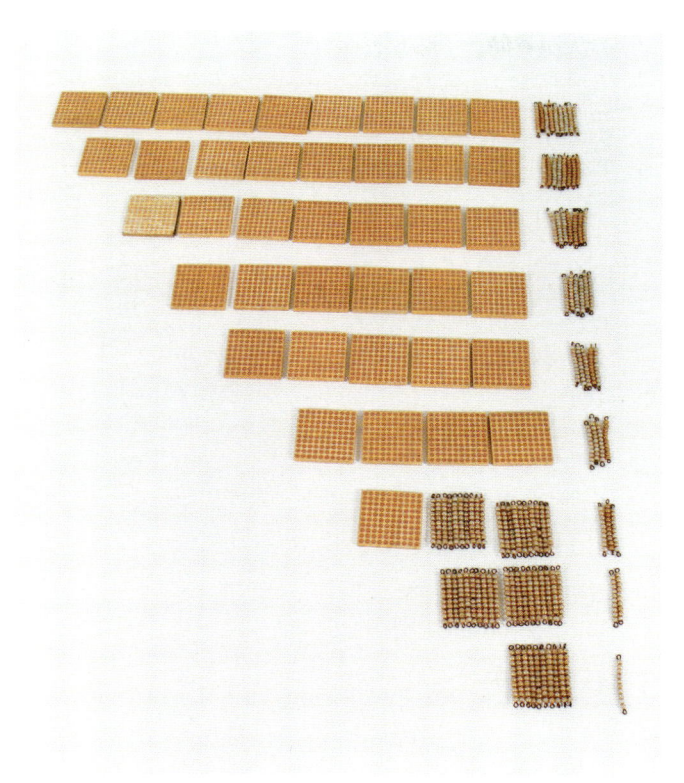

Keine Angst vor großen Zahlen!

**Einführung in das Dezimalsystem
Goldenes Perlenmaterial**

Übung zur Vertiefung

„Auslegen der Stellenwerte von 1 bis 1000"

Folgendes Material wird für diese Übung benötigt:
- 45 Einerperlen, 45 Zehnerperlen, 45 Hunderterperlen und 1 Tausender
- im Abstand von ca. 10 cm werden 1 Einer, 2 Einer, 3 Einer usw. bis 9 Einer ausgelegt und dabei laut gezählt
- beim Legen des 9. Einers spricht L.: „Wenn ich noch einen Einer dazu lege, habe ich 10 Einer. Für die 10 Einer lege ich 1 Zehner."
- L. legt den ersten Zehner mit genügend Abstand links neben den ersten Einer
- auf diese Weise werden die Stellenwerte bis zu dem Tausender ausgelegt

- Weitere Übungen mit den ausgelegten Stellenwerten:
  1. L. nennt eine beliebige Menge, Kind zeigt auf genannte Menge
  2. L. zeigt auf eine bestimmte Menge, Kind benennt die Menge

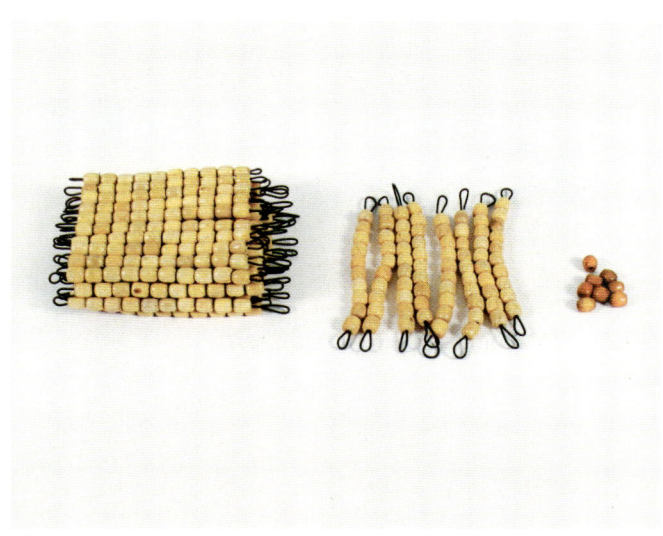

Ausgelegte Stellenwerte mit Zehnern und Hundertern

Selbst hergestelltes Perlenmaterial

Materialbeschaffung

Tipps zum Selbermachen

✓ Holzperlen auf Blumendraht aufziehen
✓ günstige Möglichkeit: Sitzauflage für Autositze aus Holzperlen auseinandernehmen
✓ Idee: Zehner können Kinder selbst erstellen

Adressen zum Bestellen

✓ Eine günstigere Alternative zu dem Goldenen Perlenmaterial stellen die Materialien aus Holz dar, die man bei verschiedenen Lehr- und Lernmittelverlagen bestellen kann
✓ siehe Anhang

| Keine Angst vor großen Zahlen! | Einführung in das Dezimalsystem
Großer Kartensatz |

Großer Kartensatz

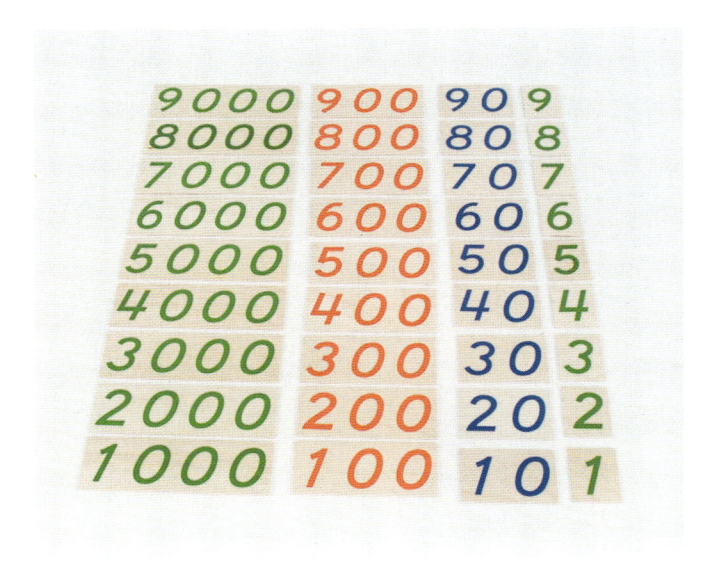

Materialbeschreibung

- 9 Karten mit den Ziffern 1 bis 9 in grün
- 9 Karten mit den Ziffern 10 bis 90 in blau
- 9 Karten mit den Ziffern 100 bis 900 in rot
- 9 Karten mit den Ziffern 1000 bis 9000 in grün

Förderziele

- Kennenlernen der Zahlensymbole 1 bis 9999
- Sprechenlernen der Zahlen 1 bis 9999
- visuelles Differenzieren der Zahlensymbole im Zahlenraum bis 9999 durch die verschiedenen Farben
- Einblick in den Aufbau der Stellenwerte durch das Auslegen der Karten

Indirekte Förderziele

- Schulung der Sprechmotorik

Voraussetzung zur Einführung des Kartensatzes:

- Erfahrung im Umgang mit Mengen
- Sicherheit beim Zählen von 1 bis 10

I. Einführung der Zahlen 1, 10, 100 und 1000 in drei Stufen

- zur Einführung wird der Kartensatz ausgelegt
- L. legt die Zahlenkarten 1, 10, 100 und 1000 vor das Kind

1. Stufe „Benennen der Zahlensymbole 1, 10, 100 und 1000"

- L. zeigt auf die Karte 1 und 10 und lässt sie vom Kind benennen
- L. zeigt auf die Karte 100 und sagt: „Das ist Einhundert!"
- L. zeigt auf die Karte 1000 und sagt: „Das ist Eintausend!"

2. Stufe „Erkennen der Zahlensymbole durch das Kind"

- die vier Karten liegen ungeordnet vor dem Kind
- L. nennt eine beliebige Zahl, z.B. „Gib mir die Einhundert!"
- Kind nimmt die entsprechende Karte

3. Stufe „Benennen der Zahlensymbole durch das Kind"

- die vier Karten liegen ungeordnet vor dem Kind
- L. nimmt eine Karte und fragt: „Welche Zahl ist das?"
- Kind benennt die Karte

Keine Angst vor großen Zahlen!

Einführung in das Dezimalsystem
Großer Kartensatz

II. Einführung der weiteren Zahlen in drei Stufen

1. Stufe „Benennen der Zahlensymbole"

- L. zeigt auf die Karte 1 bis 10 und lässt sie vom Kind benennen
- L. zeigt auf die Karten 10 bis 90 und zählt laut „Zehn, zwanzig, dreißig, ...neunzig!"
- Kind zeigt und zählt ebenso

- L. verfährt in gleicher Weise mit der Benennung der Zahlen 100 bis 900 und 1000 bis 9000

2. Stufe „Erkennen der Zahlensymbole durch das Kind"

- L. nennt eine beliebige Zahl, z.B. „Gib mir die Dreitausend!"
- Kind gibt die entsprechende Karte
- Kind ordnet die Karte wieder ein

3. Stufe „Benennen der Zahlensymbole durch das Kind"

- L. nimmt eine Karte und fragt: „Welche Zahl ist das?"
- Kind benennt die Zahl und ordnet die Karte wieder ein

Didaktischer Kommentar
Sollte das Erkennen und Benennen aller Zahlen in einer Lektion zu schwer sein, können die Stellenwerte auch schrittweise eingeführt werden.
Die Zahlenkarten sollten immer wieder an ihren Platz zurückgelegt werden. Das Einordnen der Zahlenkarten fördert auch die Orientierung im Zahlenraum von 1 bis 9999.

III. Zusammenfügen der Stellenwerte „Karten übereinander legen"

- L. nennt von jedem Stellenwert eine Zahl, z.B. 5, 30, 700 und 2000
- Kind holt die entsprechenden Karten
- L. zeigt, wie die Karten richtig übereinander gelegt werden: Die Kartenenden schließen rechtsbündig ab
- L. spricht die Zahl vor, das Kind wiederholt
- Kind legt die gebrauchten Karten wieder an ihre Stelle im ausgelegten Kartensatz zurück

Didaktischer Kommentar
Diese Übung eignet sich hervorragend, um die in der deutschen Sprache unlogische Sprechweise der Zahlen zu lernen.

| Keine Angst vor großen Zahlen! | Einführung in das Dezimalsystem
Großer Kartensatz |

Das Übereinanderlegen und Sprechen der Zahlen kann zunächst auch nur mit den Einern und Zehnern, bzw. Hundertern geübt werden.

Vertiefende Übungen

„Zahlenvariationen"

- ◆ Vertiefung des Umgangs mit Zahlenkombinationen
- ◆ Festigung der Sprechweise

- L. nennt von jedem Stellenwert eine oder mehrere Zahlen, z.B. 5, 7, 30, 80 und 700
- Kind holt die entsprechenden Karten
- gemeinsam bilden sie verschiedene Zahlenkombinationen und sprechen sie, z.B. 35 oder 785

„Zahlenkombinationen mit der Null"

- ◆ Aufmerksam werden auf die Nullstelle

- L. nennt drei Stellenwerte, wobei L. einen der drei ersten Stellenwerte (Einer, Zehner oder Hunderter) auslässt, z.B. 70, 400 und 2000
- Kind holt die entsprechenden Karten
- gemeinsam bilden sie die mögliche Zahlenkombination und sprechen diese

Didaktischer Kommentar
Durch die fehlende Karte wird dem Kind bewusst, dass ein Stellenwert fehlt und daher die Zahl anders gesprochen werden muss.

Materialbeschaffung

Tipps zum Selbermachen

- ✔ Kopiervorlage siehe Teil IV, S. 150
- ✔ Karten aus hartem Karton herstellen, beschriften und laminieren
- ✔ Zahlen farbig gestalten: Einer grün, Zehner blau, Hunderter rot und Tausender grün

Adressen zum Bestellen

- ✔ siehe Anhang

Keine Angst vor großen Zahlen!

Einführung in das Dezimalsystem
Goldenes Perlenmaterial und Kartensatz

Goldenes Perlenmaterial und großer Kartensatz

Materialbeschreibung

- Goldenes Perlenmaterial
- Kartensatz
- Tablett (oder Ähnliches)

Förderziele

- Zuordnen von Mengen zu Zahlsymbolen
- Struktur des Dezimalsystems erfahren
- Vorbereitung der Zehnerüberschreitung durch Eintauschen

Indirekte Förderziele

- Festigung von Ordnungsstrukturen
- Erfahren von Regelhaftigkeit

Voraussetzung

- Einführung in das Goldene Perlenmaterial und in den großen Kartensatz

I. Einführung: Zuordnung von Perlenmenge und Zahlensymbol

Zur Einführung wird das Goldene Perlenmaterial geholt und der Kartensatz ausgelegt.

1. Schritt

- L. legt zunächst nur eine Zahlenkarte, z.B. 200, auf das Tablett
- Kind holt die entsprechende Perlenmenge
- gemeinsam überprüfen sie die Richtigkeit
- Kind räumt Karten und Perlen wieder an ihren Platz zurück

- Umkehrung der Übung: L. gibt Perlenmenge vor, Kind benennt die Menge und holt entsprechende Zahlenkarte

2. Schritt

- L. nennt eine mehrstellige Zahl, z.B. 1647
- Kind legt die Zahl mit den Karten der verschiedenen Stellenwerte
- Kind holt anschließend die entsprechende Perlenmenge
- gemeinsam überprüfen sie, ob Zahlensymbol und Perlenmenge übereinstimmen
- Kind räumt Karten und Perlen an ihren Platz zurück

- Umkehrung der Übung wie oben: L. gibt mehrstellige Perlenmenge vor, Kind benennt die Menge und legt die entsprechenden Zahlenkarten

83

Keine Angst vor großen Zahlen!	Einführung in das Dezimalsystem Goldenes Perlenmaterial und Kartensatz

◆ Zuordnung von Zahlsymbolen und Mengen festigen

◆ Zuordnung von Zahlsymbolen und Mengen festigen

Vertiefende Übungen

Arbeitskarten mit mehrstelligen Zahlen
- Kind legt die Zahl zunächst mit dem Kartensatz
- Kind holt entsprechende Perlenmenge
- Selbstkontrolle: Perlenmenge ist auf der Rückseite graphisch dargestellt (z.B. gestempelt)

Partnerarbeit
- ein Kind überlegt sich eine Zahl und legt diese mit dem Kartensatz aus
- das zweite Kind benennt die Zahl und holt die entsprechende Perlenmenge
- gemeinsam überprüfen sie das Ergebnis

II. Wechselspiele: Vorbereitung der Zehnerüberschreitung

Für die Wechselspiele wird das Goldene Perlenmaterial geholt und der Kartensatz ausgelegt.

Umtauschen von Perlenmengen: Kleine Stellenwerte in den nächst höheren Stellenwert
- Kind holt größere Menge der Einerperlen auf einem Tablett
- Kind zählt Perlenmenge: Kind nimmt die einzelne Perle, legt sie untereinander und zählt dabei laut
- jeweils 10 Perlen werden in ein Zehnerstäbchen umgetauscht
- ausgezählte Perlenmenge wird benannt und mit Kartensatz gelegt
- die gleiche Übung wird anschließend mit Perlenmengen verschiedener Kategorien durchgeführt
- zunächst ordnet das Kind die Perlen nach Stellenwerten: Einer liegen rechts, links daneben die Zehner usw. entsprechend der Stellenwerte; dabei beginnt das Kind immer mit dem Zählen der kleinsten Kategorie
- ausgezählte Perlenmenge wird benannt und mit Kartensatz gelegt

Didaktischer Kommentar
Das spielerische Umtauschen der verschiedenen Stellenwerte eignet sich hervorragend zur Vorbereitung der Zehnerüberschreitung und sollte daher sehr intensiv geübt werden. Um dem Kind die Gelegenheit zum eigenständigen Entdecken der Möglichkeit des Umtauschens zu geben, sind die Einerperlen beim Zählen so untereinander zu legen, dass visuell das Zehnerstäbchen entsteht. Beim Zählen der Perlen sollte weiterhin die Zahl Zehn betont werden.

Keine Angst vor großen Zahlen!	Einführung in das Dezimalsystem Goldenes Perlenmaterial und Kartensatz

Kinder, die das Umtauschen nicht eigenständig entdecken, können verschiedene Hilfen angeboten bekommen:

- L. nimmt ein Zehnerstäbchen und legt es neben die ersten 10 Einerperlen: „Was fällt dir auf?"
- L. zählt laut mit dem Kind und stoppt bei der Zahl Zehn und sagt: „10 Einer können wir in 1 Zehner umtauschen!"

Umtauschen von Perlenmengen: Große Stellenwerte in kleinere Stellenwerte

- L. gibt Kind 1 Zehnerstäbchen: „Gib mir 4 Einer!"
- Kind tauscht das Zehnerstäbchen in 10 Einer um
- Kind zählt die 4 Einer ab und gibt sie L.
- die gleiche Übung wird anschließend mit Perlenmengen geübt, bei denen das Kind mehrmals umtauschen muss

Als sehr eindrucksvoll hat sich in der Praxis folgendes Beispiel erwiesen:

- L. gibt Kind 1 Tausender und sagt: „Davon hätte ich gerne 1 Einerperle!"
- sollte das Kind nicht eigenständig auf den Lösungsweg durch mehrmaliges Umtauschen kommen, so gibt L. entsprechende Hilfestellung: „Müssen wir den Tausender zerbrechen oder hast du eine andere Idee, wie wir 1 Einerperle bekommen? Wie kann der Tausender getauscht werden?"

Vertiefende Übungen

„Tausch mit mir!"

- Kinder üben spielerisch den Tauschvorgang
- „Bankdirektor" verteilt Tabletts mit verschiedenen Perlenmengen an die mitspielenden Kinder
- Kinder ordnen und zählen ihre Perlenmenge
- Gegebenenfalls gehen sie zur „Bank" und tauschen ihre Perlenmenge in den nächst höheren Stellenwert um
- der „Bankdirektor" zählt nach und tauscht um

Einführung in die Grundrechenarten

Montessori verfolgt das Ziel, den Kindern mehr beizubringen als das Durchführen von Rechenoperationen nach zuvor erlernten Schemata. Auf der Basis der Struktur des Dezimalsystems möchte sie, dass die Kinder Einsicht nehmen in das Wesen der verschiedenen Grundrechenarten. Montessori stellt das Dezimalsystem durch Perlen in Form von Einern, Zehnern, Hundertern und Tausendern dar. Dadurch sind die Kinder bereits früh in der Lage Regeln zu entdecken, die ihnen bei der Lösung von Rechenproblemen helfen. Indem sie selber geben, nehmen und verteilen eröffnet sich ihnen ein anderer Zugang zu den abstrakten Operationen der Grundrechenarten. Sie erfahren auf diese Weise ganz konkret, dass eine Menge durch eine bestimmte Handlung verändert werden kann. Die Kinder vollziehen jeden Schritt einer Rechenoperation konkret handelnd nach. Diese Einführung in die Grundrechenarten stellt besonders für Kinder mit sonderpädagogischem Förderbedarf im Bereich Mathematik eine große Chance dar.

Bevor die Einführung in die Grundrechenarten erfolgt, sollten die Kinder bereits viele Erfahrungen mit dem Perlenmaterial und dem Kartensatz gesammelt haben. Die Sicherheit im Umgang mit den bereits vertrauten Materialien ermöglicht es, den Blick der Kinder auf etwas neues zu lenken.

Zu dem bereits bekannten großen Kartensatz kommen nun kleine Kartensätze hinzu. Der große Kartensatz dient immer zur Darstellung der größten Menge, d.h. beispielsweise bei der Addition zur Darstellung der Summe. Dementsprechend werden mit den kleinen Kartensätzen bei der Addition die Summanden dargestellt.

Maria Montessori beginnt bei der Einführung in die Grundrechenarten mit der Addition. Anschließend folgt die Multiplikation, sodass auf diese Weise der Zusammenhang zwischen den beiden Grundrechenarten deutlich wird. Die Kinder erfahren die Multiplikation als Addition gleicher Summanden.

Die Einführung der Grundrechenarten verläuft immer in bestimmten Schritten. Als Erstes erfolgt die Darstellung und Durchführung der jeweiligen Grundrechenarten, um das Charakteristische der Rechenoperation zu verdeutlichen. So werden beispielsweise zur Veranschaulichung des Vorgangs der Addition die verschiedene Perlenmengen zusammengeschüttet.

Anschließend erfolgt die Besprechung der Rechenoperation. Die Lehrerin befragt die Kinder nach den einzelnen Handlungsschritten, die sie bei der Rechenoperation ausgeführt haben. Der Vorgang wird von der Lehrerin versprachlicht und die Rechenoperation mit Namen benannt, z.B. „Wir haben alles zusammengeschüttet und dann noch einmal gezählt. Das nennt man „plus rechnen"!" Die Formulierungen der Vorgänge bei den Grundrechenarten sind ähnlich und haben einen formelhaften Charakter. Auf diese Weise können sich die Sätze unbewusst bei den Kindern einprägen.

Zum Schluss erfolgt die Einführung des Symbols der jeweiligen Rechenoperation. In diesem Zusammenhang wird die gesamte Aufgabe noch einmal gelesen. Während bei den Einführungsübungen die Perlen z.B. zur Verdeutlichung der Addition zusammengeschüttet werden, werden die Perlenmengen bei allen weiteren Aufgaben untereinander ausgelegt. Anschließend werden die Perlen den Stellenwerten entsprechend zusammengeschoben. Das Auslegen der Perlen untereinander entspricht somit der Schreibweise der schriftlichen Rechenverfahren, die auf diese Weise indirekt vorbereitet wird.

Neben der Darstellung der Rechenoperation spielt die Versprachlichung bei den Einführungsübungen eine große Rolle. Das gemeinsame Besprechen der Handlungen soll die Vorgänge nun auf der sprachlichen Verständnisebene transparent machen. Dabei sind die Formulierungen möglichst kurz und prägnant. Das erleichtert den Kindern, die Vorgänge nachzuvollziehen und sie sich einzuprägen.

| Keine Angst vor großen Zahlen! | Einführung in die Grundrechenarten |

Materialbeschreibung

- 100 lose Einerperlen
- 45 Zehnerstäbchen
- 45 Hunderterplatten
- 10 Tausenderkuben
- Schälchen für Einerperlen
- 4 Sätze kleiner Zahlenkarten (1 bis 9000)
- 1 Satz großer Zahlenkarten (1 bis 9000)
- Karten mit den Symbolen für „plus", „minus", „mal" und „geteilt"
- Tabletts o.Ä.

Förderziele

- Einsicht in das Wesen der vier Grundrechenarten gewinnen: Addition, Multiplikation, Subtraktion, Division
- Einsicht in die Struktur und Bedeutung des Dezimalsystems bekommen

Indirekte Förderziele

- Vorbereitung geometrischer Einsichten
- Schulung der Feinmotorik

Voraussetzung

- Sicherheit im Umgang mit den Goldenen Perlen und den Zahlenkarten
- erste Einsicht in die Struktur des Dezimalsystems
- erste Erfahrungen im Umtauschen von Mengen

87

Keine Angst vor großen Zahlen!

Grundrechenart: Addition
Goldenes Perlenmaterial und Kartensatz

Addition
mit dem Goldenen Perlenmaterial und den Kartensätzen

I. Einführung in die Addition ohne Zehnerüberschreitung

Es bietet sich an, die Einführung mit zwei oder drei Kindern zu machen. Zunächst wird das Goldene Perlenmaterial und der große Kartensatz bereitgestellt. Die benötige Anzahl an kleinen Kartensätzen richtet sich nach der Anzahl der Kinder. Die Summanden werden mit den kleinen Kartensätzen und die Summe mit dem großen Kartensatz dargestellt.

Darstellung und Durchführung der Addition
- jedes Kind sitzt vor einem leeren Tablett
- L. nennt jedem Kind eine dreistellige Zahl
- Kinder holen auf ihren Tabletts die entsprechenden Zahlenkarten und Perlenmengen
- L. fragt jedes Kind: „Wie viele Perlen hast du?"
- jedes Kind antwortet
- L. fordert Kinder auf, die Perlenmengen zusammenzuschütten
- L. spricht: „Jetzt schütten wir alles zusammen. Jetzt rechnen wir plus!"
- Kinder schütten ihre Perlenmengen zusammen und legen die Zahlenkarten an der Seite untereinander
- Kinder sortieren Perlen nach den Stellenwerten und zählen die Menge aus
- Kinder benennen das Ergebnis und legen die Zahl mit dem großen Kartensatz unter die kleinen Kartensätze

Didaktischer Kommentar
Je nach Leistungsstand der Kinder kann man bei der Einführung auch mit einer zwei- oder vierstelligen Zahl beginnen. In jedem Fall sollten die Summanden bewusst so gewählt werden, dass es bei der Addition zu keiner Zehnerüberschreitung kommt.
Die Darstellung der Addition mit dem Kartensatz erfolgt wie bei der schriftlichen Addition. Die Summanden und die Summe werden neben den ausgelegten Perlen untereinander gelegt.

| Keine Angst vor großen Zahlen! | Grundrechenart: Addition
Goldenes Perlenmaterial und Kartensatz |

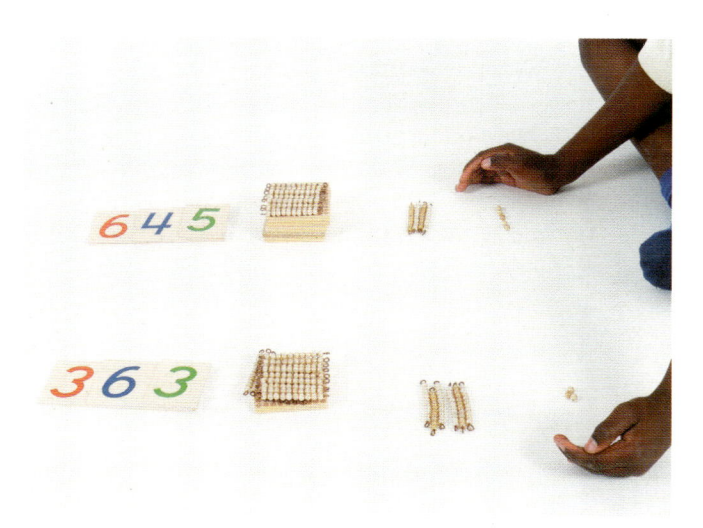

Besprechung der Addition

Nachdem die Summe festgestellt wurde, wird der Vorgang gemeinsam mit den Kindern noch einmal besprochen:

- L. fragt jedes Kind: „Wie viele Perlen hattest du?"
- L. fragt: „Wie viele Perlen hattet ihr alle zusammen?"
- L. versprachlicht die Handlung: „Wir haben alles zusammengeschüttet und dann noch einmal gezählt. Das nennt man „plus rechnen"!"

Einführung des Symbols

- L. zeigt das Symbol für „plus" und sagt: „Und das ist das Zeichen für „plus rechnen"."
- L. legt die Symbole vor die Summanden und liest die Aufgabe vor
- Kinder lesen die Aufgabe vor

Didaktischer Kommentar

Je nach Konzentrations- und Auffassungsvermögen der Kinder kann man diese Einführung auch in mehreren Schritten durchführen bzw. mehrmals wiederholen. Wichtig ist, dass die Kinder nicht nur Sicherheit in der Durchführung der Addition mit den Perlen und den Kartensätzen erwerben, sondern auch in der Versprachlichung des Vorgangs.

Montessori schlägt vor, die Rechenoperation Addition auch als solche für die Kinder zu versprachlichen: „Wir haben alles zusammengefügt, wir haben addiert!" Je nach Sprachverständnis der jeweiligen Schülerinnen und Schüler ist dies sicherlich auch möglich.

- während bei den Einführungsübungen zur Veranschaulichung des Additionsvorgangs die Perlenmengen zusammengeschüttet wurden, zeigt L. anschließend, dass nun bei der Durchführung weiterer Rechenoperationen die Perlenmengen (Summanden) untereinander ausgelegt werden
- zur Verdeutlichung der Addition werden die Perlen des unteren Summanden den Stellenwerten entsprechend nach oben geschoben.

Zusammenschieben der Perlenmenge entsprechend ihrem Stellenwert

89

Keine Angst vor großen Zahlen!	Grundrechenart: Addition Goldenes Perlenmaterial und Kartensatz

II. Einführung in die Addition mit Zehnerüberschreitung

Da die Kinder bereits bei der Einführung in das Dezimalsystem mittels der Goldenen Perlen das Überschreiten des Zehners durch das Umtauschen der Perlen ausgiebig geübt haben, sind sie erfahrungsgemäß schnell in der Lage, Aufgaben mit Zehnerüberschreitung zu bearbeiten.

Jedes Kind überlegt sich selber eine Zahl. Dabei kommt es in der Regel bei der Addition schnell zu einer Überschreitung des Zehners. Die Durchführung der Addition erfolgt wie bei der Einführung beschrieben:
- Kinder legen ihre Zahlen mit dem kleinen Kartensatz
- Kinder holen entsprechende Perlenmenge
- Kinder legen die Perlen nach Stellenwerten geordnet untereinander
- Kinder schieben ihre Perlenmengen nach Stellenwerten zusammen
- Kinder zählen die Mengen aus
- Kinder tauschen ggf. um
- Kinder legen das Ergebnis mit dem großen Kartensatz

Beim Auszählen der Perlenmengen sollen die Kinder möglichst eigenständig darauf kommen, bei der Überschreitung des Zehners die Perlenmenge umzutauschen.

Vertiefende Übungen

Karteikarten mit Additionsaufgaben
- Einzel- oder Partnerarbeit
- Lösung steht zur Selbstkontrolle auf der Rückseite
- Kopiervorlagen Teil IV, S.151f

◆ Sicherheit im Umgang mit dem Material
◆ Festigung der Zehnerüberschreitung

◆ Spielerisches Vertiefen der Addition

„Dagobert Duck und sein Geld" (Gruppenspiel)
verschiedene Aufgaben werden verteilt:
- „Dagobert Duck":
  nennt die Rechenaufgabe
  kontrolliert den Ablauf und das Ergebnis
- 1 Rechner:
  führt Rechenoperationen durch
- 1 Sparkassenchef:
  verwaltet Goldene Perlen
  gibt entsprechende Perlenmenge aus
  tauscht Perlenmengen um
- 1 Verwalter der Kartensätze:
  gibt die entsprechenden Zahlenkarten aus
- 3 Boten:
  transportieren Perlen und Zahlenkarten

Keine Angst vor großen Zahlen!

Grundrechenart: Multiplikation
Goldenes Perlenmaterial und Kartensatz

Multiplikation
mit dem Goldenen Perlenmaterial und den Kartensätzen

I. Einführung in die Multiplikation als Addition gleicher Mengen

Es bietet sich an, die Einführung mit drei Kindern zu machen. Zunächst wird das Goldene Perlenmaterial, drei kleine Kartensätze, der große Kartensatz und drei Tabletts bereitgestellt.

Darstellung und Durchführung der Multiplikation
- jedes Kind sitzt vor einem leeren Tablett
- L. flüstert oder zeigt jedem Kind eine dreistellige Zahl
- Kinder holen auf ihren Tabletts die entsprechenden Zahlenkarten und Perlenmenge
- L. fragt jedes Kind: „Wie viele Perlen hast du?"
- Kinder merken, dass jedes Kind die gleiche Perlenmenge geholt hat
- L. fragt: „Wie oft haben wir die gleiche Perlenmenge geholt?"
- Kinder stellen fest: „Dreimal!"
- L. fordert Kinder auf, die Perlenmengen zusammenzuschütten und spricht: „Das sind dreimal 233 Perlen. Wir schütten dreimal 233 Perlen zusammen. Jetzt rechnen wir „mal"!"
- Kinder schütten ihre Perlenmengen zusammen und legen die Zahlenkarten an der Seite untereinander
- Kinder sortieren Perlen nach ihren Stellenwerten und zählen die Menge aus
- Kinder benennen das Ergebnis und legen die Zahl mit dem großen Kartensatz unter die drei anderen Zahlen

Didaktischer Kommentar
Je nach Leistungsstand der Kinder kann man bei der Einführung auch mit einer zwei- oder vierstelligen Zahl beginnen.
Die Darstellung der Multiplikation macht deutlich, dass es sich hierbei eigentlich um eine Addition handelt.

Besprechung der Multiplikation
Nachdem die Summe festgestellt wurde, wird der Vorgang gemeinsam mit den Kindern noch einmal besprochen:
- L. fragt jedes Kind: „Wie viele Perlen hattest du?"
- L. fragt: „Wie oft hatten wir 233 Perlen?"
- Kinder antworten
- L. versprachlicht die Handlung: „Wir haben dreimal die gleiche Perlenmenge gehabt. Wir haben alles zusammengeschüttet und dann noch einmal gezählt. Wir sagen „3 mal 233 = 699." Das nennt man „mal rechnen"!"

Keine Angst vor großen Zahlen!	Grundrechenart: Multiplikation Goldenes Perlenmaterial und Kartensatz

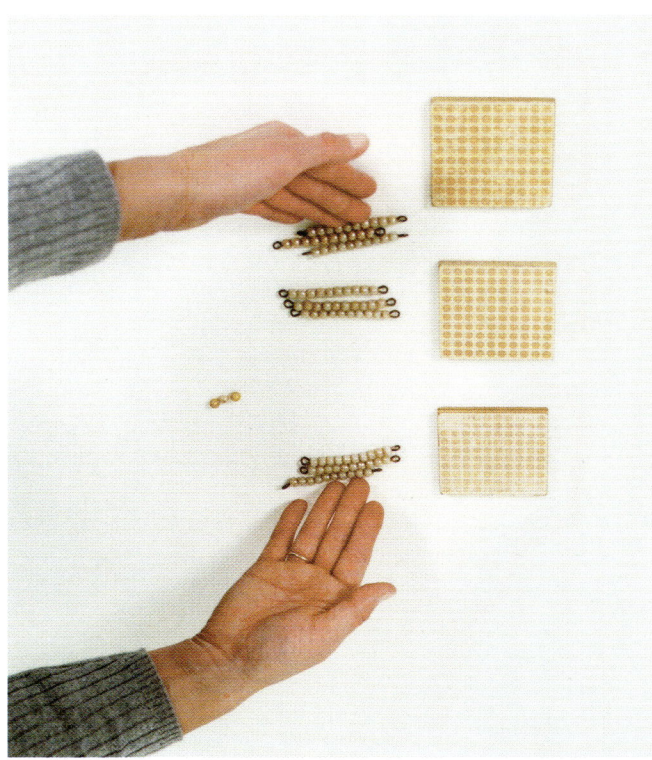

Einführung des Symbols

- L. zeigt, wie man die Darstellung der Multiplikation mit den Zahlenkarten vereinfachen kann
- L. sagt: „Die Zahl 233 brauchen wir nur einmal. Dafür schreiben wir auf, wie oft wir die Zahl hatten, in dieser Aufgabe dreimal."
- L. schreibt „3" auf einen Zettel und legt ihn links neben die Zahlenkarten
- L. zeigt das Symbol für „mal" und sagt: „Und das ist das Zeichen für „mal rechnen"."
- L. legt das Symbol zwischen die Zahlenkarten und den Zettel mit der „drei"
- L. liest die Aufgabe vor
- Kinder lesen die Aufgabe vor

- Während bei den Einführungsübungen die Perlenmengen zusammengeschüttet wurden, zeigt L. anschließend, dass nun bei der Durchführung weiterer Rechenoperationen die Perlenmengen untereinander ausgelegt und den Stellenwerten entsprechend nach oben geschoben werden (vgl. Addition)

Didaktischer Kommentar
Montessori schlägt vor, die Rechenoperation Multiplikation auch als solche für die Kinder zu versprachlichen: „Wir haben mehrere gleiche Mengen zusammengefügt, wir haben multipliziert!" Je nach Sprachverständis der jeweiligen Schülerinnen und Schüler ist dies sicherlich auch möglich.

Vertiefende Übungen

Karteikarten mit Multiplikationsaufgaben
- Kopiervorlage Teil IV, S.153
- Einzel- oder Partnerarbeit
- Lösung steht zur Selbstkontrolle auf der Rückseite

Die Einführung der Multiplikation mit dem Goldenen Perlenmaterial verdeutlicht, dass es sich hierbei um die Addition gleicher Mengen handelt. Zur Darstellung der Grundaufgaben des Einmaleins gibt es vielfältiges Material von Montessori. In diesem Band stellen wir das kleine Multiplikationsbrett (siehe S. 106) vor.

Keine Angst vor großen Zahlen!

Grundrechenart: Subtraktion
Goldenes Perlenmaterial und Kartensatz

Subtraktion
mit dem goldenen Perlenmaterial und den Kartensätzen

I. Einführung in die Subtraktion ohne Zehnerunterschreitung

Es bietet sich an, die Subtraktion mit drei Kindern einzuführen. Zunächst wird das Goldene Perlenmaterial, der große Kartensatz, drei kleine Kartensätze und Tabletts bereitgestellt.

Durchführung und Darstellung der Subtraktion

- L. fordert ein Kind auf, eine größere Menge Perlen zu holen
- L. fragt das Kind: „Wie viele Perlen hast du?"
- Kind sortiert Perlen nach ihrem Stellenwert und stellt die Menge fest
- Kind holt entsprechende Zahlenkarten des großen Kartensatzes und legt sie rechts neben die ausgelegten Perlen
- L. spricht: „Jetzt nehmen wir von deinen Perlen welche weg. Jetzt rechnen wir „minus"!"
- L. fordert die anderen Kinder auf, sich eine beliebige Menge von den Perlen zu nehmen: „Nehmt euch von den Perlen, aber lasst noch welche übrig!"
- Kinder nehmen sich beliebige Mengen
- L. fragt jedes Kind: „Wie viele Perlen hast du?"
- Kinder antworten und holen die entsprechenden Zahlenkarten des kleinen Kartensatzes
- Kinder legen ihre Zahlenkarten unter die erste Zahl
- L. fragt das erste Kind: „Und wie viele sind von deinen Perlen übrig geblieben?"
- Kind zählt nach und stellt das Ergebnis mit dem kleinen Kartensatz dar

Besprechung der Subtraktion

Nachdem das Ergebnis festgestellt wurde, wird der Vorgang gemeinsam mit den Kindern noch einmal besprochen:

- L. fragt das erste Kind: „Wie viele Perlen hattest du zuerst?" Kind antwortet
- L. fragt die anderen Kinder: „Wie viel habt ihr weggenommen?" Kinder antworten
- L. fragt: „Und wie viel ist am Ende übrig geblieben?"
- L. versprachlicht die Handlung: „Zuerst hatten wir eine große Menge. Davon haben wir etwas weggenommen. Wir haben alles gezählt. Das nennt man „minus rechnen"!"

| Keine Angst vor großen Zahlen! | Grundrechenart: Subtraktion |
| | Goldenes Perlenmaterial und Kartensatz |

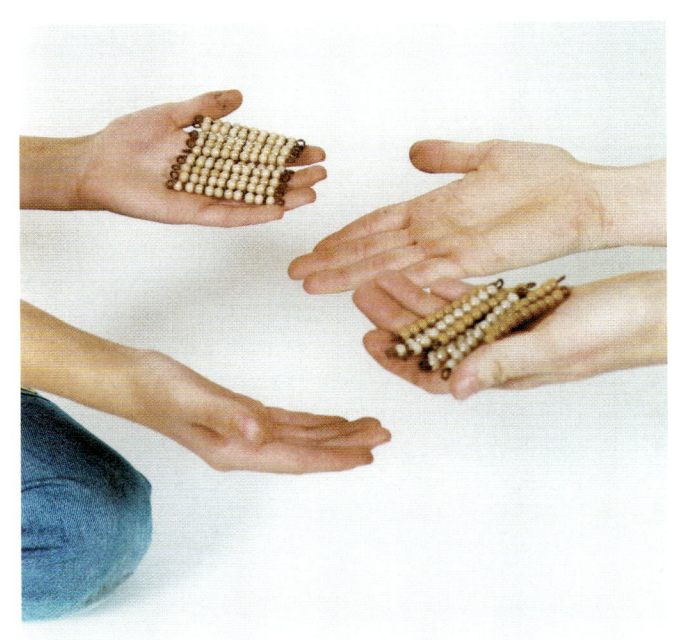

Einführung des Symbols
- L. zeigt das Symbol für „minus" und sagt: „Und das ist das Zeichen für „minus rechnen"."
- L. legt die Symbole vor die Subtrahenden und liest die Aufgabe vor
- Kinder lesen die Aufgabe vor

Didaktischer Kommentar
Montessori schlägt vor, die Rechenoperation Subtraktion auch als solche für die Kinder zu versprachlichen: „Wir hatten zuerst viel. Dann haben wir etwas weggenommen. Wir haben subtrahiert!" Je nach Sprachverständnis der jeweiligen Schülerinnen und Schüler ist dies sicherlich auch möglich

II. Einführung in die Subtraktion mit Zehnerunterschreitung

Bei der Einführung in das Dezimalsystem mittels der Goldenen Perlen haben die Kinder bereits das Aufbrechen von Perlenmengen geübt.

- L. gibt Subtraktionsaufgabe mit Umtauschen vor, z.B. „352 – 171"
- Kinder holen die entsprechende Perlenmenge und legen die Zahl 352 mit dem großen Kartensatz
- Kinder versuchen 171 Perlen wegzunehmen
- Kinder merken, dass sie von 5 Zehnern keine 7 wegnehmen können
- Kinder tauschen 1 Hunderter in 10 Zehner um
- Kinder stellen das Ergebnis mit dem kleinen Kartensatz dar

Vertiefende Übungen

Karteikarten mit Subtraktionsaufgaben
- Kopiervorlage Teil IV, S.154f
- Einzel- oder Partnerarbeit
- Lösung steht zur Selbstkontrolle auf der Rückseite

„Dagobert Duck verliert an der Börse" (Gruppenspiel)
- vgl. vertiefende Übungen zur Addition
- hier mit Aufgaben zur Subtraktion

◆ Festigen der Subtraktion mit und ohne Zehnerunterschreitung

◆ Spielerisches Vertiefen der Subtraktion

Keine Angst vor großen Zahlen!

Grundrechenart: Division
Goldenes Perlenmaterial und Kartensatz

Division
mit dem Goldenen Perlenmaterial und den Kartensätzen

I. Einführung in die Division ohne Umtausch

Zur Darstellung der Division benötigt man mehrere Kinder.
Zur Einführung wählt man eine Zahl, die durch die entsprechende Anzahl der Kinder teilbar ist, ohne dass umgetauscht werden muss oder ein Rest übrig bleibt.

Darstellung und Durchführung der Division

- L. nennt dem ersten Kind eine durch 2 (bzw. Anzahl der teilnehmenden Kinder) teilbare Zahl
- Kind stellt die Zahl mit dem großen Kartensatz dar und holt die entsprechende Perlenmenge
- L. spricht: „Wir haben diese Perlenmenge und 2 Kinder. Jetzt verteilen wir die Perlen an die 2 Kinder. Jetzt rechnen wir „geteilt"!"
- L. fordert das erste Kind auf: „Bitte verteile diese Perlen so, dass jedes Kind gleich viel bekommt!"
- Kind verteilt die Perlen an die 2 anderen Kinder
- Kinder zählen wie viele Perlen sie erhalten haben und stellen die Zahl mit dem kleinen Kartensatz dar

Anschließend werden die großen Zahlenkarten ausgelegt, rechts daneben die aufgeteilten Perlenmengen mit den kleinen Zahlenkarten. Der Vorgang der Division wird nun noch einmal gemeinsam mit den Kindern besprochen:

Besprechung der Division

- L. fragt das erste Kind: „Wie viele Perlen hattest du zuerst?" Kind antwortet
- L. fragt weiter: „Was hast du mit den Perlen getan?" Kind antwortet
- L. fragt: „An wie viele Kinder hast du die Perlen verteilt?" Kind antwortet
- L. fragt die anderen Kinder: „Wie viele Perlen habt ihr bekommen?" Kinder antworten
- L. sagt: „Alle Kinder haben gleich viel bekommen. Du hast gerecht verteilt!"
- L. versprachlicht die Handlung: „Zuerst hatten wir eine große Perlenmenge. Diese Perlen hast du an die zwei Kinder verteilt. Jeder hat gleich viel bekommen. Das nennt man „geteilt rechnen"!"

| Keine Angst vor großen Zahlen! | Grundrechenart: Division
Goldenes Perlenmaterial und Kartensatz |

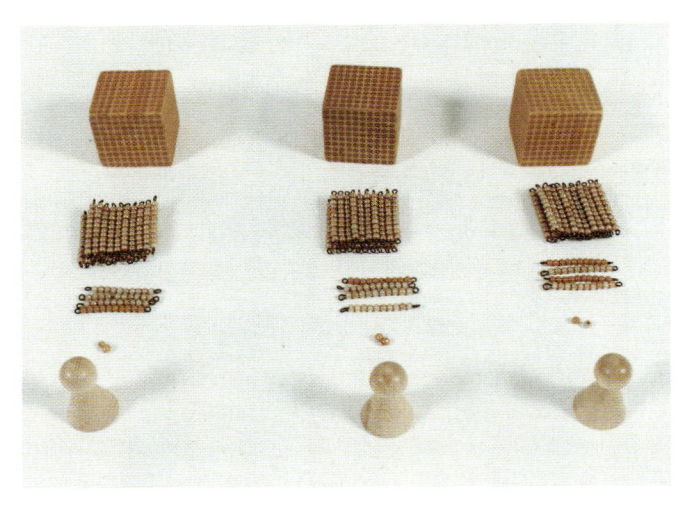

Darstellung der Aufgabe „3726 : 3 = 1242" mit Perlenmaterial und Spielfiguren

Umtauschen: 1 Tausender in 10 Hunderter

Einführung des Symbols

- L. zeigt das Symbol für „geteilt" und sagt: „Und das ist das Zeichen für „geteilt rechnen"."
- L. legt das Symbol rechts neben den Dividenden
- L. schreibt auf einen Zettel die Zahl des Divisors (hier: 3) und legt ihn rechts neben das Symbol
- L. sagt: „Das Ergebnis der Aufgabe ist, wie viele Perlen 1 Person bekommt! Wenn ich 3726 Perlen an 3 Kinder verteile, bekommt jedes Kind 1242 Perlen."
- L. liest die gerechnete Aufgabe vor
- Kinder lesen die Aufgabe vor

Nachdem das Kind zunächst übt, Perlenmengen an mehrere Kinder gerecht zu verteilen, werden bei weiteren Übungen die Kinder durch Spielmännchen repräsentiert.

II. Einführung in die Division mit Umtauschen

Als Vorübung vor der eigentlichen Einführung hält die Lehrerin einen Hunderter in der Hand und sagt: „Den möchte ich gerne mit dir teilen. Hast du eine Idee, wie wir das machen können?"
Das Kind kommt möglichst alleine auf die Lösung, den Hunderter in Zehner umzutauschen.

- zur Einführung wählt man zunächst eine Aufgabe aus, in der das Kind nur einmal umtauschen muss, z.B. 4566 an 3 Kinder
- Kinder gehen vor wie bei der Einführungsübung
- beim Verteilen der Tausender bleibt 1 Tausender übrig. Das Kind soll möglichst eigenständig zu der Lösung kommen, den Tausender in 10 Hunderter zu wechseln, sodass es letztendlich 15 Hunderter an 3 Kinder verteilen muss.
- ggf. weist L. daraufhin, dass man beim Verteilen mit dem höchsten Stellenwert anfangen muss
- anschließend rechnen die Kinder Aufgaben, bei denen sie mehrmals umtauschen müssen

Keine Angst vor großen Zahlen!	Grundrechenart: Division Goldenes Perlenmaterial und Kartensatz

III. Division mit Rest

Wenn die Kinder sich selber Aufgaben ausdenken, kommt es schnell dazu, dass die Rechnung nicht aufgeht und ein Rest übrig bleibt. Die Kinder werden darauf aufmerksam, dass es Zahlenmengen gibt, die sich nicht gerecht verteilen lassen. L. zeigt ihnen, wie diese Ergebnisse aufgeschrieben werden.

Vertiefende Übungen

◆ Festigung der Division mit und ohne Umtauschen

Karteikarten mit Divisionsaufgaben

- Einzel-, Partner- oder Kleingruppenarbeit
- Lösung steht zur Selbstkontrolle auf der Rückseite
- Kopiervorlagen Teil IV, S.156ff

Zur Darstellung der Grundaufgaben der kleinen sowie der großen Division gibt es vielfältiges Material von Montessori. In diesem Band stellen wir das kleine Divisionsbrett vor (siehe S. 109).

| Keine Angst vor großen Zahlen! | Vertiefung der Grundrechenarten
Das Markenspiel |

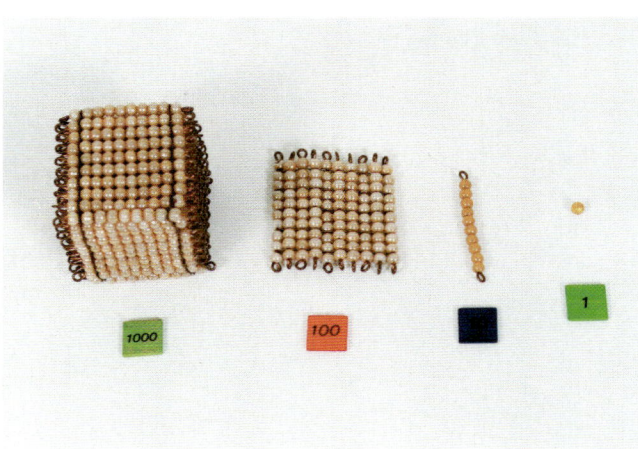

Das Markenspiel

Materialbeschreibung

- je 89 Holzplättchen für Einer, Zehner, Hunderter und Tausender in den Farben der Stellenwerte
- Spielfiguren in den Farben der Stellenwerte

Förderziele

- Einsicht in das Wesen der vier Grundrechenarten vertiefen: Addition, Multiplikation, Subtraktion, Division
- Einsicht in die Struktur und Bedeutung des Dezimalsystems vertiefen

Indirekte Förderziele

- Vorbereitung der schriftlichen Rechenverfahren

Voraussetzung

- erste Einsicht in die Struktur des Dezimalsystems
- erste Erfahrungen im Umtauschen von Mengen

I. Einführung

Das Markenspiel baut auf dem Goldenen Perlenmaterial auf. Es verlangt von den Kinder ein höheres Abstraktionsvermögen. Der Einsatz des Materials ist aber auch für Kinder sinnvoll, die bisher noch nicht mit dem Goldenen Perlenmaterial gearbeitet haben. In diesem Fall ist eine besonders gründliche Einführung notwendig.

Zusammenhang zum Goldenen Perlenmaterial

- 1 Einer, 1 Zehner, 1 Hunderter und 1 Tausender des goldenen Perlenmaterials werden vor das Kind gelegt und vom Kind benannt
- L. ordnet nun die jeweiligen Marken zu
- L. zeigt auf die Einerperle und spricht: „Das ist ein Einer!"
- L. zeigt auf das Einer-Holzplättchen und spricht: „Das bedeutet ein Einer!"
- L. verfährt mit den anderen Stellenwerten ebenso

Bilden von Mengen

- L. gibt dem Kind Zahlen vor
- Vorgabe auf verschiedene Weisen möglich: durch Benennen, durch den Kartensatz oder durch Aufschreiben der Zahl in den Farben ihrer Stellenwerte
- Kind stellt die Zahlen mit den Marken dar

Beispiel einer Additionsaufgabe

Keine Angst vor großen Zahlen!	Vertiefung der Grundrechenarten
	Das Markenspiel

Bei der Subtraktion wird die Zahl, die vom Minuenden abgezogen wird, rechts daneben gelegt.

Bei der Multiplikation wird die Zahl ihrem Multiplikator entsprechend oft untereinander gelegt und anschließend Stellenwert für Stellenwert zusammengeschoben.

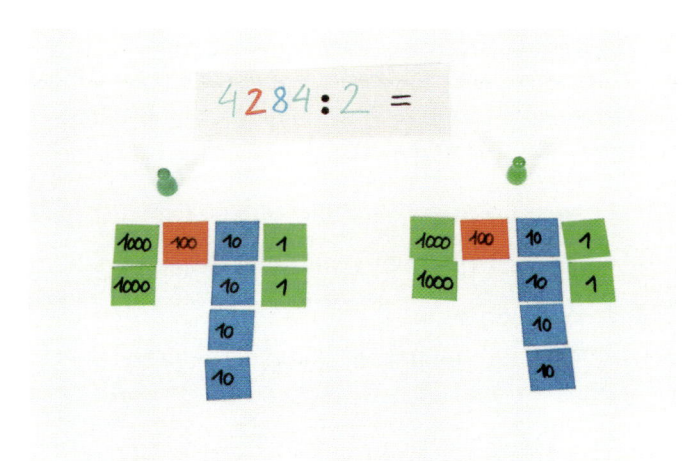

Beispiel einer Divisionsaufgabe mit selbsterstelltem Material: Bei der Division wird der Dividend rechts mit den Marken dargestellt. Links stehen die Spielfiguren als Divisor.

Benennen von Mengen
- L. legt verschiedene Zahlen mit den Marken
- Kind benennt die Zahlen

II. Darstellung und Lösung von Rechenaufgaben

Die Darstellung der Rechenaufgaben mit dem Markenspiel erfolgt analog zu den Goldenen Perlen. Kinder, die bereits viele Erfahrungen mit dem Goldenen Perlenmaterial gesammelt haben, fällt daher eine Umstellung nicht schwer.

Die Darstellung und Lösung einer Rechenaufgabe geschieht immer in folgenden Schritten (Beispiel: Additionsaufgabe):

Darstellung der Aufgabe
- Kind legt die Marken ihren Stellenwerten entsprechend nebeneinander
- die zweite Zahl wird den Stellenwerten entsprechend mit etwas Abstand unter die erste Zahl gelegt

Durchführung der Rechenoperation
- Kind schiebt die untere Zahl den Stellenwerten entsprechend nach oben

Ermittlung des Ergebnisses
- Kind zählt die Stellenwerte neu aus
- Kind tauscht ggf. Marken um

Materialbeschaffung

Tipps zum Selbermachen

✔ Kärtchen aus hartem Karton in den Farben der Stellenwerte:
Einer grün, Zehner blau, Hunderter rot und Tausender grün (Kopiervorlage siehe Teil IV, S.159, Tipp: auf farbigen Karton kopieren!)
✔ Entsprechend beschriften und laminieren
✔ Spielfiguren

Adressen zum Bestellen

✔ siehe Anhang

Keine Angst vor großen Zahlen!

Zahlenraum von 1 bis 18
Streifenbrett zur Addition

Streifenbrett zur Addition

Das Streifenbrett zur Addition stellt einen weiteren Zugang zur Addition dar. Dabei steht nicht das Lösen von Additionsaufgaben im Vordergrund, sondern die Einsicht in das Wesen der Addition. Die Summe einer Aufgabe wird daher nicht errechnet, sondern abgelesen. Auf diese Weise ist es möglich, den Blick der Kinder auf andere Inhalte zu lenken.

Einsicht in das Wesen der Addition

Gerade für Kinder mit einer Rechenschwäche bietet das Streifenbrett die Chance, in aktiver Auseinandersetzung mit dem Material die Bedeutung der Addition, der Zehnerüberschreitung, der Addition mit Null und der Tauschaufgaben zu „be-greifen". So kann das Kind durch das Zusammenlegen zweier Streifen den Additionsvorgang als Zusammenfügen zweier Summanden nicht nur konkret handelnd nachvollziehen, sondern auch visuell erfassen.

Das gleiche gilt für die Zehnerüberschreitung, die zu diesem Zeitpunkt vom Kind nicht kognitiv geleistet werden muss, sondern mittels des konkreten Materials eindrucksvoll dargeboten wird. Durch die eindeutige Markierung der Zahl 10 auf dem Brett kann das Kind beim Legen der Streifen erkennen, wann es die Menge 10 überschreitet.

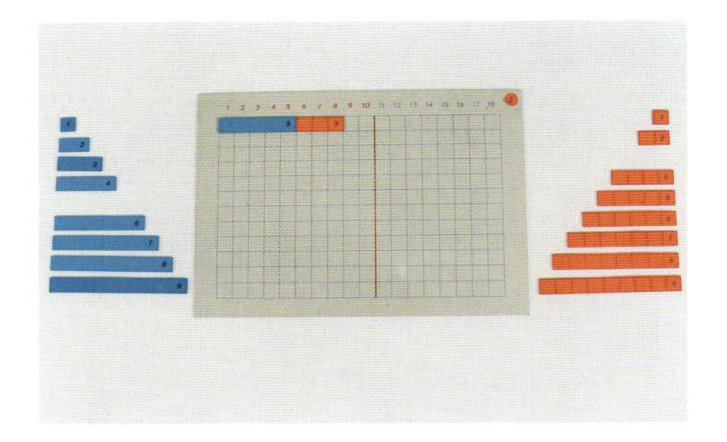

Hinführung zur Automatisierung der Grundaufgaben des Einspluseins

Das Streifenbrett zur Addition behandelt Additionsaufgaben im Zahlenraum bis 18. In diesem Zahlenraum gibt es 81 Möglichkeiten der Addition zweier einstelliger Zahlen, die sogenannten Grundaufgaben Die Begrenzung des Zahlenraums bis 18 ergibt sich durch das Dezimalsystem, da 9 + 9 die höchste Möglichkeit der Addition zweier einstelliger Summanden darstellt. Die Additionsmöglichkeiten der Einerzahlen sind die Grundlage für alle weiteren Additionsaufgaben mit mehrstelligen Summanden. Eine genaue Kenntnis dieser Grundaufgaben ist daher sehr sinnvoll, da sich alle weiteren Additionsaufgaben mit mehrstelligen Zahlen auf dieser Basis erschließen lassen.

Das Streifenbrett bietet gerade Kindern mit sonderpädagogischem Förderbedarf im Bereich Mathematik die Möglichkeit, sich diese Grundaufgaben des Einspluseins im handelnden Umgang mit dem Material zu erschließen.

Materialbeschreibung

- feste Platte aus Holz
- durch blaue Linien in 18 Spalten und 12 Reihen eingeteilt
- Kopfzeile mit den Zahlen 1 bis 18
- rote Markierung der vertikalen Linie zwischen der 10 und der 11 zur Visualisierung der Zehnerüberschreitung
- 9 rote und 9 blaue Streifen unterschiedlicher Länge

Förderziele

- Automatisierung des Einspluseins
- Einsicht in das Wesen der Addition: Ergänzungsmöglichkeiten, Zehnerüberschreitung, Vertauschbarkeit der Summanden, Zerlegen der Summanden
- möglichst eigenständige Entwicklung von Ableitungsstrategien für die Grundaufgaben der Addition

Indirekte Förderziele

- Vertiefen der Versprachlichung von Additionsaufgaben

Voraussetzung zur Einführung des Kartensatzes

- Erfahrungen mit Additionsaufgaben
- Kenntnis des Zahlenraums von 1 bis 18

Keine Angst vor großen Zahlen!

Zahlenraum von 1 bis 18
Streifenbrett zur Addition

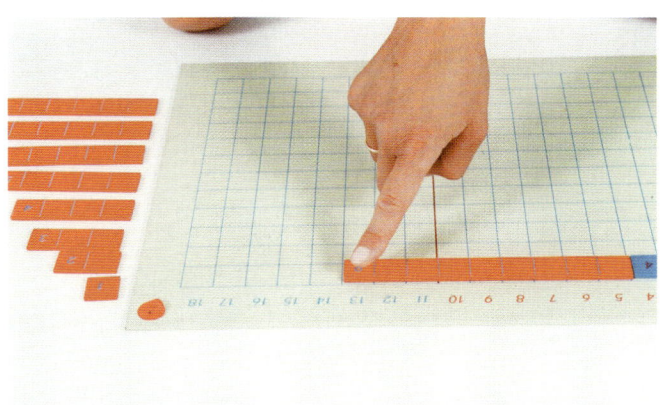

I. Einführung: Bilden von Additionsaufgaben

- Streifen werden zunächst nach Farbe und Länge geordnet neben das Brett gelegt: rote Streifen rechts und blaue Streifen links neben das Brett
- L. fordert Kind auf, einen roten und einen blauen Streifen auszuwählen
- Kind wählt z.B. den blauen 4er- und den roten 9er-Streifen
- L. zeigt dem Kind, wie die Streifen auf dem Brett aneinandergelegt werden: blaue Streifen immer links und rote Streifen immer rechts!
- L. zeigt dem Kind, dass man oben auf dem Brett über dem letzten Kästchen des roten Streifens die Summe, die durch das Aneinanderfügen der beiden Streifen gebildet wird, ablesen kann
- L. formuliert die Additionsaufgabe: „Vier plus neun ist dreizehn!"
- L. legt beide Streifen an ihre Position zurück
- L. fordert nun das Kind auf, ebenso weiter zu verfahren

II. Bilden von Additionsreihen

Zur schriftlichen Fixierung der neun Additionsreihen liegen Vordrucke bereit, die anschließend zu einem kleinen Heftchen zusammengefasst werden können (Kopiervorlagen siehe Teil IV, S.160tt).

- die Streifen liegen nach Farbe und Länge geordnet neben dem Brett
- L. legt den blauen 1er-Streifen auf das erste Quadrat der obersten Reihe
- L. legt den roten 1er-Streifen daneben
- L. liest das Ergebnis über dem roten Streifen ab
- L. fordert Kind auf, die Aufgabe zu formulieren „1 + 1 = 2!"
- Kind überträgt das Ergebnis in den entsprechenden Vordruck

- der rote 1er-Streifen wird durch den 2er-Streifen ersetzt
- das Ergebnis wird über dem roten Streifen festgestellt
- das Kind formuliert die Aufgabe und überträgt das Ergebnis in den Vordruck

Auf diese Weise wird mit den übrigen roten Streifen fortgefahren.

| Keine Angst vor großen Zahlen! | Zahlenraum von 1 bis 18
Streifenbrett zur Addition |
|---|---|

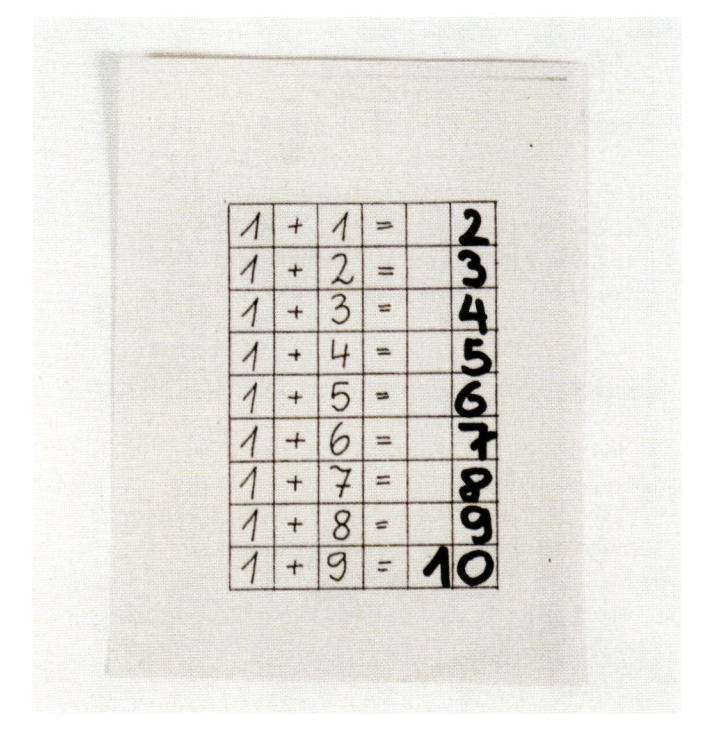

Anschließend wird der blaue Zweierstreifen auf das Brett gelegt. Die roten Streifen 1 bis 9 werden wie bekannt der Reihe nach angelegt, das Ergebnis festgestellt, die Aufgabe formuliert und schriftlich im Vordruck festgehalten.
Mit den übrigen blauen Streifen wird ebenso verfahren.

Didaktischer Kommentar
Das Ausfüllen der Vordrucke bietet eine zusätzliche Möglichkeit, auf die Gesetzmäßigkeit der Additionsreihen aufmerksam zu werden. Je nach Auffassungsvermögen des Kindes kann man jedoch zunächst auch die Additionsreihen bilden, ohne sie schriftlich festzuhalten.

Für Kinder, die schnell die Gesetzmäßigkeit der aufsteigenden Ergebnisreihen erkennen, kann das Bilden der einzelnen Additionsreihen eine Unterforderung darstellen. Ihnen kann man direkt die im Folgenden beschriebenen Karteikärtchen mit Einzelaufgaben anbieten.

Vertiefende Übungen

Vordrucke mit Grundaufgaben zur Addition
- 9 Vordrucke mit den Grundaufgaben, weitere Vordrucke mit gemischten Aufgaben (Kopiervorlagen siehe Teil IV, S.160ff)
- Selbstkontrolle: Kontrollmappe zusammengestellt aus den Vordrucken
- Kind bearbeitet die Vordrucke eigenständig mit dem Streifenbrett

„Karteikärtchen mit Einzelaufgaben!"
- Karteikärtchen mit den 81 Grundaufgaben
- Selbstkontrolle: Lösung auf der Rückseite
- Kind arbeitet allein oder mit einem Partner
- Möglichkeit der schriftlichen Fixierung in einem kleinen Rechenheft

◆ Selbstständiger Umgang mit dem Material
◆ Automatisierung der Einspluseins-Aufgaben

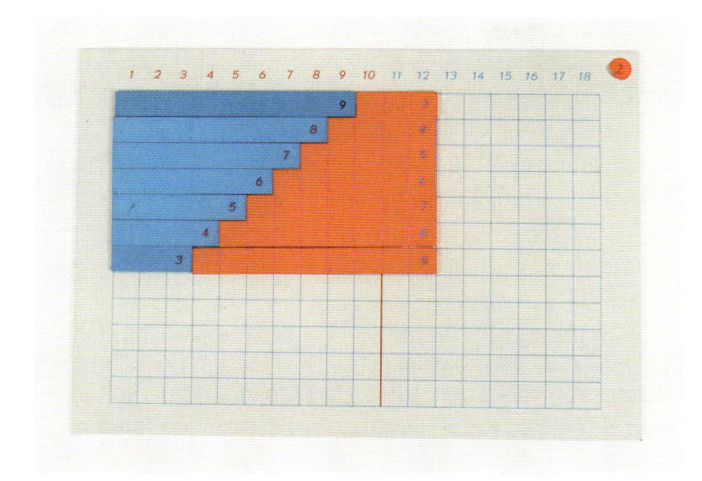

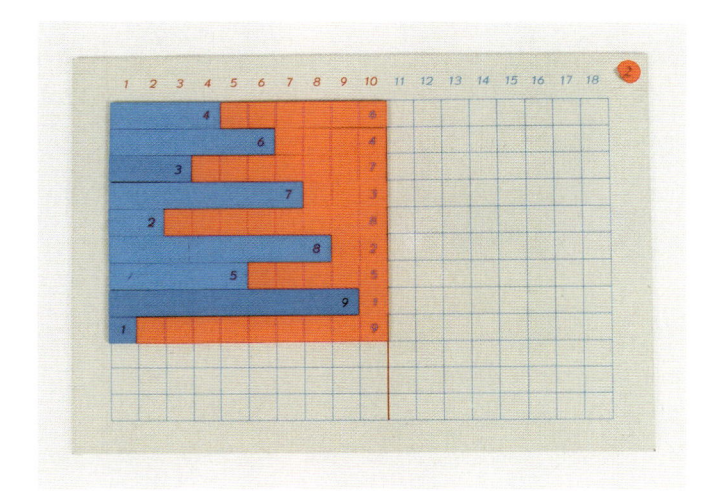

Keine Angst vor großen Zahlen!

Zahlenraum von 1 bis 18
Streifenbrett zur Addition

III. Analyse der Grundaufgaben der Addition

Zerlegen der Summanden
- Kind erhält die Aufgabe, möglichst viele verschiedene Additionsaufgaben zu finden, die das gleiche Ergebnis haben
- Kind überlegt sich beispielsweise die Summe 12
- Kind stellt alle möglichen Additionsaufgaben mit der Summe 12 auf dem Brett dar
- die gefundenen Additionsaufgaben werden schriftlich fixiert: 12 = 9 + 3
  12 = 7 + 5
  12 = 4 + 8 usw.

Vertauschen der Summanden
- L. fordert Kind auf, eine beliebige Aufgabe zu legen
- Kind legt z.B. 4 + 6 = 10
- L. fordert Kind auf, weitere Aufgaben zu legen, die ebenfalls als Ergebnis „10" haben
- Kind legt alle möglichen und liest sie vor
- L. lässt die Ausgangsaufgabe liegen und schiebt alle gefundenen Aufgaben etwas nach unten
- L. fordert Kind auf, eine Aufgabe zu suchen, die der ersten Aufgabe sehr ähnlich ist
- Kind findet die verwandte Aufgabe (6 + 4) und legt sie unter die erste Aufgabe
- Kind bemerkt, dass die Summanden gleich und somit austauschbar sind

Ebenso wird mit den weiteren Aufgaben verfahren:
1. Finden der Tauschaufgabe
2. Schriftliche Fixierung der Tauschaufgaben

Didaktischer Kommentar
Je nach Leistungsvermögen des Kindes kann an dieser Stelle auch darauf hingewiesen werden, dass man sich von beiden Aufgaben nur eine merken muss. Für das Kopfrechnen ist es grundsätzlich leichter, den größeren Summanden an die erste Stelle zu setzen.

| Keine Angst vor großen Zahlen! | Zahlenraum von 1 bis 18
Streifenbrett zur Addition |

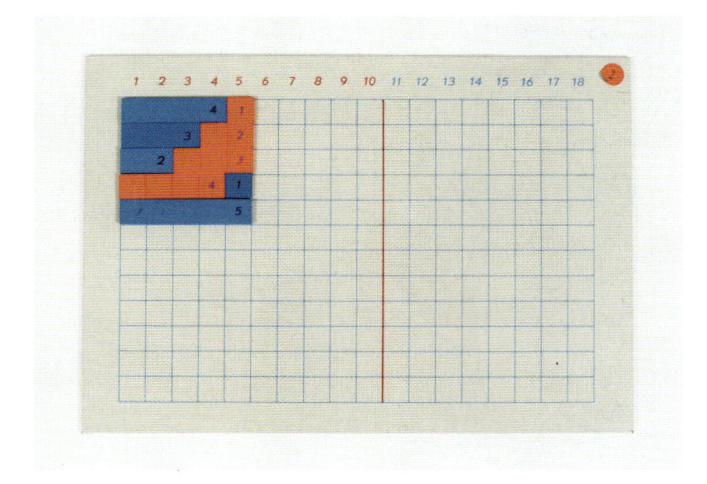

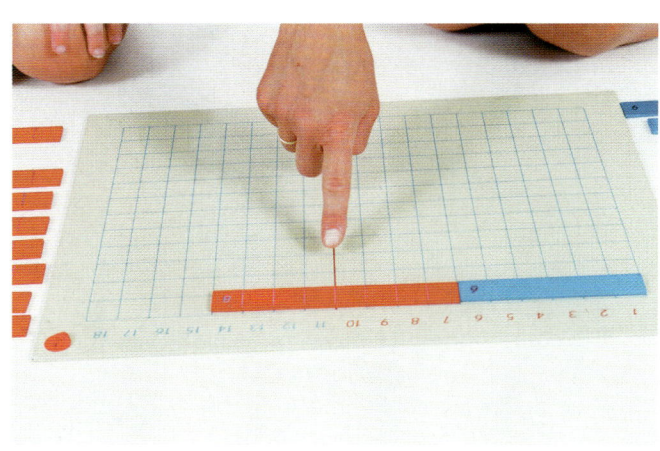

Addieren der Null

- Kind legt den blauen 1er-Streifen auf das Brett
- L. fordert Kind auf, einen roten Streifen auszuwählen, der kleiner als Neun ist
- Kind legt z.B. den roten 4er-Streifen auf das Brett
- Kind liest die Aufgabe vor: „1 + 4 = 5!"
- L. fordert Kind auf, alle weiteren Aufgaben zu legen, die die Summe 5 ergeben
- Kind liest alle Ergebnisse vor
- L. nimmt den blauen 5er-Streifen und legt ihn unter die anderen Streifen
- L. fragt: „Fünf plus wie viel?"
- Kind überlegt: „5 + 0 = 5!"

- Kind ordnet die Streifen folgenderweise:
    1 + 4 = 5
    2 + 3 = 5
    3 + 2 = 5
    4 + 1 = 5
    5 + 0 = 5

- Die Aufgaben können schriftlich festgehalten werden

Analyse der Summen über 10: Aufmerksam werden auf die Zehnerüberschreitung

1. Schritt:

- L. sagt: „Jetzt wollen wir uns einmal die Aufgaben genauer anschauen, deren Ergebnis größer als 10 ist!"
- L. macht das Kind aufmerksam auf die Linie zwischen der 10 und der 11
- L. fordert das Kind auf, eine Aufgabe zu legen, deren Ergebnis größer als 10 ist, d.h., die über die Linie hinausgeht
- Kind legt z.B. den blauen 6er- und den roten 8er-Streifen
- Kind liest die Aufgabe: „6 + 8 = 14!"
- L. macht erneut auf die Markierung der Zehnerüberschreitung aufmerksam
- L. fragt: „Wie heißt die Zahl bis zu dieser Linie?"
- Kind antwortet: „Zehn!"
- L. fragt: „Um wie viele Kästchen überragt der rote Streifen die Zehnerlinie?"
- Kind zählt die Kästchen und antwortet: „Vier!"
- L. sagt: „Wir können auch sagen „10 + 4 = 14"!"
- Kind schreibt auf: 6 + 8 = 10 + 4 = 14
- Kind legt und schreibt weitere Aufgaben zur Vertiefung, ggf. Karteikarten oder Arbeitsblätter zum selbstständigen Weiterarbeiten bereitstellen

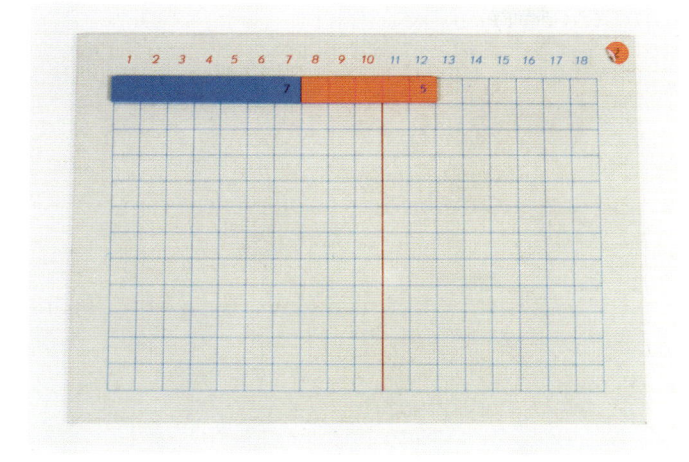

Keine Angst vor großen Zahlen!	Zahlenraum von 1 bis 18
	Streifenbrett zur Addition

Materialbeschaffung

Tipps zum Selbermachen

✔ Platte aus Holz oder starkem Karton:
- durch blaue Linien in 18 Spalten und 12 Reihen einteilen (Abstand zwischen den Reihen und Spalten 2 x 2 cm)
- Kopfzeile mit den Zahlen 1 bis 10 in rot und 11 bis 18 in blau beschriften
- die vertikale Linie zwischen der 10 und der 11 rot markieren

✔ Streifen aus Moosgummi oder starkem Karton herstellen:
- Höhe 2 cm, Breite zwischen 2 und 18 cm
- 9 rote Streifen mit den Ziffern 1 bis 9 in blau, durch blaue Linien in Quadrate aufgeteilt (sehr wichtig!)
- 9 blaue Streifen mit den Ziffern 1 bis 9 in rot

Adressen zum Bestellen

✔ siehe Anhang

2. Schritt:

- L. sagt: „Wir wollen uns die Aufgaben über 10 noch einmal genauer anschauen!"
- Kind legt eine Aufgabe, deren Summe größer als 10 ist, z.B. 7 + 5
- L. weist erneut auf die Markierung der Zehnerüberschreitung hin: „Wie viel ist bis zu diesem Strich zu der 7 dazugekommen?"
- Kind antwortet: „Drei!"
- L. fragt: „Wie viel kommt nach dem Strich noch dazu?"
- Kind antwortet: „Zwei!"
- L. sagt: „Wir können also auch sagen
   „7 + 5 = 7 + 3 + 2 = 12"!"
- Kind schreibt die Aufgabe auf
- Kind legt und schreibt weitere Aufgabe zur Vertiefung, ggf. Karteikarten oder Arbeitsblätter zum selbstständigen Weiterarbeiten bereitstellen

Didaktischer Kommentar

Das Kind wird durch diese Übungen gezielt auf die Überschreitung des Zehners aufmerksam gemacht. Es soll möglichst eigenständig herausfinden, dass der zweite, den Zehner überschreitende Summand, aufgeteilt wird. Der zweite Summand besteht aus dem Teil, der den Zehner ergänzt und dem, der ihn überschreitet. Besonders für Kinder, die Probleme mit der kognitiven Erfassung der Zehnerüberschreitung haben, ermöglichen diese Übungen mit dem Streifenbrett einen visuellen und gleichzeitig handlungsorientierten Zugang. Bei diesen Übungen sollen die Kinder das Ergebnis nicht errechnen, sondern wirklich lernen, die Zehnerüberschreitung nachzuvollziehen. Dafür ist es entscheidend, dass sie die Ergebnisse weiterhin am oberen Brettrand ablesen können.

Keine Angst vor großen Zahlen! | Kleines Multiplikationsbrett

Kleines Multiplikationsbrett

Materialbeschreibung

- Brett mit 10 mal 10 Vertiefungen
- Beschriftung der Kopfzeile mit den Zahlen 1 bis 10
- Zahlenkärtchen mit den Ziffern 1 bis 10 zur Darstellung des Multiplikanden
- „Fensterchen" zum Einschieben der Ziffernkärtchen
- 100 rote Perlen
- ein farbiger Chip zur Markierung des Multiplikators
- Aufgabenkärtchen mit Einmaleinsaufgaben
- Aufgabenvordrucke mit allen Einmaleinsreihen (Kopiervorlage siehe Teil IV, S.163ff)
- Multiplikationstabelle (Kopiervorlage siehe Teil IV, S.167)

Förderziele

- Darstellen von Grundaufgaben des kleinen Einmaleins
- Ermitteln der Produkte durch Zählen
- erstes Einprägen von Einmaleinsaufgaben

Indirekte Förderziele

- Erfahren der geometrische Darstellung der Einmaleinsaufgaben

Voraussetzung zur Einführung des kleinen Multiplikationsbrettes

- Sicherheit beim Lösen von Additionsaufgaben

I. Einführung

- L. wählt ein Zahlenkärtchen und schiebt es in das Fensterchen
- L. legt den Chip zur Markierung des Multiplikators über die Zahl „1" auf der Kopfzeile des Brettes
- L. nimmt 5 Perlen und legt sie unter die Zahl „1" senkrecht auf das Brett
- L. zählt dabei laut: „1,2,3,4,5."
- L. trägt die Malaufgabe in den Vordruck ein und spricht dabei laut: „Einmal 5 ist 5!"
- alle Perlen werden weggeräumt
- L. fordert das Kind auf, den Chip über die Zahl „2" zu legen
- Kind legt jetzt 2 Spalten mit je 5 Perlen und zählt dabei laut mit
- Kind trägt das Ergebnis in den Vordruck ein und spricht dabei laut die Einmaleinsaufgabe
- Kind verfährt mit den weiteren Aufgaben der Reihe mit 5 ebenso

| Keine Angst vor großen Zahlen! | **Kleines Multiplikationsbrett** |

In gleicher Weise erschließt sich das Kind die anderen Reihen des kleinen Einmaleins.

Didaktischer Kommentar
Dabei ist es wichtig, dass das Kind, solange es keine genaue Mengenvorstellung hat, die Perlen nach jeder Aufgabe wieder wegräumt. Anschließend zählt es die Perlen für die nächste Aufgabe neu auf das Brett.
Die schriftliche Fixierung auf Vordrucke oder ins Heft unterstützt das Einprägen der Einmaleinsaufgaben.

II. Übungen zur Vertiefung

Partnerrechnen
- ein Kind legt eine Perlenmenge
- das andere Kind benennt die Multiplikationsaufgabe
- gemeinsam ermitteln sie das Ergebnis

♦ Erkennen und Benennen von Multiplikationsaufgaben

Aufgabenkarten mit Einmaleinsaufgaben
- Kind arbeitet selbstständig mit den Aufgabenkarten
- Kind legt die Einmaleinsaufgabe auf das Brett und ermittelt das Ergebnis
- die Aufgaben und Ergebnisse können schriftlich fixiert werden
- Möglichkeiten zur Selbstkontrolle:
  1. das richtige Ergebnis steht auf der Rückseite
  2. Multiplikationstabelle

♦ Vertiefung der Aufgaben des kleinen Einmaleins

Multiplikationstabelle
Die Multiplikationstabelle für alle Aufgaben des kleinen Einmaleins dient sowohl zur Selbstkontrolle von fertigen Einmaleinsaufgaben als auch zur einfachen Ermittlung von Ergebnissen, ohne selber rechnen zu müssen.

- Kind möchte z.B. das Ergebnis der Aufgabe 5 mal 7 ermittelt:
- der rechte Zeigefinger geht auf das blaue Kästchen mit der 5
- der linke Zeigefinger geht auf das rote Kästchen mit der 7
- beide Finger bewegen sich nun sowohl senkrecht als auch waagerecht aufeinander zu
- an der Stelle, wo die beiden Finger sich treffen, liest das Kind das Ergebnis ab

Kind kontrolliert Ergebnis mit der Multiplikationstabelle

| Keine Angst vor großen Zahlen! | Kleines Multiplikationsbrett |

♦ Umgang mit Tauschaufgaben

Tauschaufgaben
- L. fordert Kind auf, eine beliebige Einmaleinsaufgabe zu legen
- Kind legt z.B. „3 mal 6"
- L. fragt: „Kannst du die Perlen auch so legen, dass die Aufgabe „6 mal 3" heißt?"

Didaktischer Kommentar
Das Kind erfährt durch die gleichbleibende Perlenmenge beim Verteilen, dass sich beim Vertauschen der Zahlen das Ergebnis der Multiplikation nicht ändert.

♦ Aufmerksam werden auf Quadratzahlen
♦ Quadratzahlen handelnd erfahren

Quadratzahlen legen
- L. fordert Kind auf „2 mal 2" zu legen
- Kind legt die Perlenmenge
- L. macht Kind auf die Form der gelegten Perlenmenge aufmerksam
- L. fragt: „Kannst du auch das nächste Quadrat legen?"

Didaktischer Kommentar
Das Kind erhält auf diese Weise einen konkreten Eindruck von dem abstrakten Begriff der Quadratzahl.

Materialbeschaffung

Tipps zum Selbermachen

Kleines Multiplikationsbrett
✔ Brett oder dicke Pappe mit Rastereinteilung (wie Hunderterfeld)
✔ Kopfzeile mit den Zahlen 1 bis 10 beschriften
✔ anstelle der Perlen: Muggelsteine oder Rechenplättchen

Multiplikationstabelle
✔ Brett mit 10 mal 10 quadratischen Feldern
✔ oberste Zeile ist blau mit den Ziffern 1 bis 10
✔ linke Randspalte ist rot mit den Ziffern 2 bis 10
✔ in den Zeilen stehen die Einmaleinsreihen
✔ Kopiervorlage siehe Teil IV, S.167

Adressen zum Bestellen

✔ siehe Anhang

| Keine Angst vor großen Zahlen! | Divisionsbrett |

Divisionsbrett

Materialbeschreibung

- Brett mit 9 mal 9 Vertiefungen
- grün markierte Kopfzeile mit 9 Vertiefungen für Spielfiguren
- Beschriftung der Kopfzeile mit den Zahlen 1 bis 9
- Beschriftung der linken Randzeile mit den Zahlen 1 bis 9
- 9 grüne Spielfiguren
- 81 grüne Perlen und ein Schälchen
- Aufgabenkärtchen mit Divisionsaufgaben
- Aufgabenvordrucke mit Divisionsaufgaben (Kopiervorlage siehe Teil IV, S. 170ff)

Förderziele

- Untersuchung der Teilbarkeit aller Zahlen bis 81
- Erschließung des Vorgangs der Division durch Darstellung der Grundaufgaben des kleinen Einsdurcheins
- Ermitteln der Ergebnisse durch Verteilen und Zählen
- erstes Einprägen von Einsdurcheinsaufgaben
- Kennenlernen von Aufgaben mit Rest

Indirekte Förderziele

- Herstellung der Beziehung zur Multiplikation

Voraussetzung zur Einführung des Divisionsbrettes

- Sicherheit im Zählen bis 100

I. Einführung: Untersuchung der Teilbarkeit einer Zahl am Beispiel der Zahl 24

Darstellung der Division als Verteilung

- L. fordert Kind auf, 24 grüne Perlen in das Schälchen hineinzuzählen
- Kind nimmt die Perlen und zählt dabei laut mit
- L. stellt 9 Spielfiguren in die dafür vorgesehenen Vertiefungen in der Kopfzeile
- L. zeigt, wie die Perlen an die Figuren verteilt werden: die Perlen werden horizontal verteilt, sodass jede Figur immer wieder die gleiche Menge erhält
- Kind kann nun das Verteilen der restlichen Perlen übernehmen
- Kind bemerkt: „Ich kann nicht jeder Figur eine dritte Perle geben!"
- L. fordert Kind auf, die übriggebliebenen Perlen wieder in das Schälchen zu legen

| Keine Angst vor großen Zahlen! | **Divisionsbrett** |

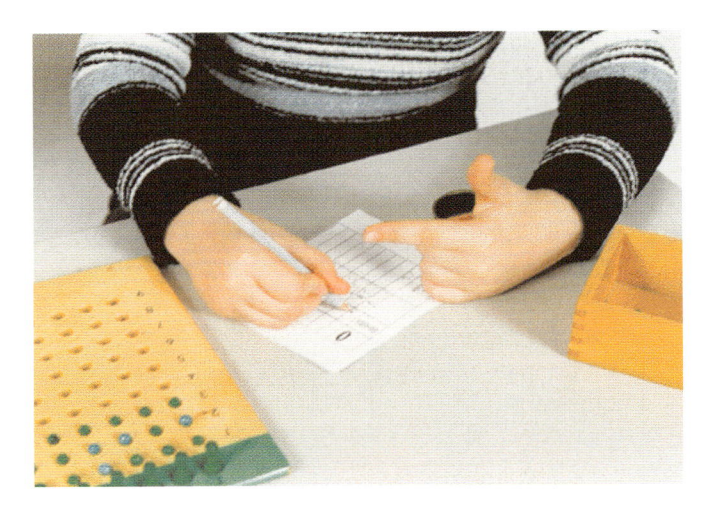

Besprechung der Divisionsaufgabe
- L. fragt: „Wie viele Perlen hat eine Figur bekommen?"
- Kind antwortet: „2."
- L. verweist auf die 6 übrig gebliebenen Perlen in dem Schälchen und sagt: „Diese 6 Perlen konnten wir nicht verteilen. Sie sind der Rest."

Schriftliche Fixierung
- L. zeigt, wie die gerechnete Aufgabe schriftlich fixiert wird: 24 : 9 = 2 Rest 6
- L. liest die Aufgabe laut und deutlich vor
- Kind trägt die Aufgabe in den Vordruck ein und liest sie ebenfalls laut vor

Weiterer Verlauf der Untersuchung der Teilbarkeit der Menge 24

Anschließend werden die 24 Perlen wieder in das Schälchen geräumt und im nächsten Schritt an nur noch 8 Figuren verteilt.
Die Aufgabe „24 : 8 = 3" wird versprachlicht und aufgeschrieben.
Wieder werden die 24 Perlen in das Schälchen zurück geräumt und jetzt an nur noch 7 Figuren verteilt. So verfährt man, bis man bei 2 als Divisor angekommen ist. Das Kind stellt fest, dass diese Aufgabe nicht mehr mit dem Divisionsbrett zu rechnen ist. Die Lehrerin verweist darauf: „Wenn nicht mehr genug Löcher für alle Perlen da sind, können wir die Aufgabe nicht mit dem Divisionsbrett rechnen." Die Aufgabe kann jedoch alternativ mit dem Markenspiel gerechnet werden.

Verweis auf Ergebnisse ohne Rest

Die Ergebnisse ohne Rest können auf dem Vordruck farblich hervorgehoben werden. Manche Kinder werden auf diese Weise sicherlich die Beziehung zu den Einmaleinsaufgaben erkennen.

Didaktischer Kommentar
Das Divisionsbrett ermöglicht dem Kind alle Zahlen bis 81 hinsichtlich ihre Teilbarkeit untersuchen zu können. Die Analyse von Divisionsaufgaben soll dem Kind Grunderfahrungen mit dem Wesen der Division ermöglichen. Daher wird von Anfang an auch mit einem Rest dividiert. Erst im nächsten Schritt geht es um das Berechnen und Einprägen von Divisionsaufgaben. Aus diesem Grunde ist es für die Einführung egal, mit welcher Perlenmenge gearbeitet wird. Das Kind kann sich auch selber eine Perlenmenge überlegen. Die Menge sollte allerdings nicht zu klein sein. Die Zahl 24 bietet sich zur Einführung an, da sie durch relativ viele Zahlen auch ohne Rest teilbar ist (8,6,4,3).

Keine Angst vor großen Zahlen!

Divisionsbrett

Sollte das Kind bei Divisionsaufgaben mit Rest diese ungleich verteilen, wird es an dieser Stelle noch einmal darauf hingewiesen, dass jede Figur gleich viele Perlen erhalten soll.
Bei der Versprachlichung der Aufgabe ist es wichtig hervorzuheben, dass das Ergebnis einer Divisionsaufgabe immer die Anzahl der Perlen ist, die eine Figur bekommt.

II. Übungen zur Vertiefung

◆ Einüben und Festigen der Grundaufgaben des Einsdurcheins

Vordrucke mit Divisionsaufgaben
- Vordrucke mit den Grundaufgaben der kleinen Division
- Kind arbeitet selbstständig mit den Vordrucken

◆ Einüben und Festigen der Grundaufgaben des Einsdurcheins

Aufgabenkarten mit Einsdurcheinsaufgaben
- Kind arbeitet selbstständig mit den Aufgabenkarten
- Kind verteilt die entsprechende Perlenmenge an die entsprechende Anzahl an Figuren und ermittelt das Ergebnis
- die Aufgaben und Ergebnisse können schriftlich fixiert werden
- Möglichkeit zur Selbstkontrolle: Ergebnis steht auf der Rückseite der Aufgabenkarte

◆ Selbstständiges Ermitteln der Grundaufgaben

Auftragskarten zur Division
- Kind ermittelt mit Hilfe von Auftragskarten die Grundaufgaben der Division
- Beispiel für eine Auftragskarte:
  1. Stelle 5 Figuren auf das Divisionsbrett!
  2. Nimm 50 Perlen und verteile sie gerecht!
  3. Nimm immer eine Perle weniger und verteile die Menge an die 5 Figuren!
  4. Schreibe nur die Ergebnisse ohne Rest auf!
- Vergleiche mit entsprechender Einmaleinsreihe

◆ Beziehungen zu verwandten Aufgaben herstellen (Umkehraufgaben, Multiplikationsaufgaben)

Verwandte Aufgaben suchen
- Kind nimmt eine Aufgabenkarte für eine Divisionsaufgabe
- Kind ermittelt durch Verteilen der Perlen das Ergebnis
- L. fordert Kind auf, alle verwandten Aufgabe zu suchen und aufzuschreiben
- Beispiel: $18 : 9 = 2$ $9 \times 2 = 18$
  $18 : 2 = 9$ $2 \times 9 = 18$

| Keine Angst vor großen Zahlen! | Divisionsbrett |

♦ Festigung der Divisionsaufgaben des kleinen Einsdurcheins

Partnerrechnen
- ein Kind formuliert eine Divisionsaufgabe
- das andere Kind nimmt die entsprechende Anzahl an Figuren und verteilt die Perlenmenge
- gemeinsam ermitteln sie das Ergebnis
- umgekehrt: Ein Kind legt eine Divisionsaufgabe, das andere Kind benennt die Aufgabe und hält sie schriftlich fest

Materialbeschaffung

Tipps zum Selbermachen

✔ Brett oder dicke Pappe mit Rastereinteilung (9 mal 9 Felder)
✔ Kopfzeile farblich hervorheben und mit den Zahlen 1 bis 9 beschriften
✔ Kopfzeile in 9 Felder für die Spielfiguren einteilen
✔ Linke Randzeile mit den Zahlen von 1 bis 9 beschriften
✔ 9 Spielfiguren
✔ Anstelle der Perlen: Muggelsteine oder Rechenplättchen
✔ Dose oder Schale

Adressen zum Bestellen

✔ siehe Anhang

| Keine Angst vor großen Zahlen! | Grundrechenarten Zusatzmaterialien |

Hundertertteppich

Förderziele

- Gesetzmäßigkeiten im Zahlenraum bis 100 erkennen
- Orientierung im Zahlenraum bis 100

Material und Anwendung

Herstellung und Beschaffung

- Kunstrasenteppich (1,20 m x 1,20 m) mit einem dicken Filzstift in 100 gleich große Felder einteilen
- Hilfsmittel für die Einteilung: großes Lineal und Dreieck aus dem Klassenraum
- Zahlenkarten (evtl. Bierdeckel) von 1 bis 100
- Erbsensäckchen

Einsatz und Handhabung

- Kind legt die Zahlenkarten entsprechend dem Hunderterfeld aus (in Einzel-/Partnerarbeit)

Variation

- Karten umgedreht auf den Teppich auslegen, eine Karte umdrehen und an die richtige Stelle legen, jetzt die von dieser Stelle weggenommene Karte zuordnen, usw.
- Legen von geraden (ungeraden) Zahlen
- Partnerarbeit: 1. ausgelegtes Hunderterfeld 2. einige Zahlenkarten wegnehmen 3. leere Zahlenfelder benennen und auslegen
- Partnerarbeit: mit Erbsensäckchen eine Zahl verdecken und Zahl benennen

Kontrolle

- lautes Durchzählen der gelegten Karten

„Zerschnittener Teppich"

Förderziele

- Gesetzmäßigkeiten im Zahlenraum bis 100 erkennen
- Orientierung im Zahlenraum bis 100

Material und Anwendung

Herstellung und Beschaffung

- wenn man bereits einen Hundertertteppich hat, empfiehlt es sich die Ausschnitte aus dem Hunderterfeld in der gleichen Größe anzufertigen. Auf diese Weise kann man die gleichen Zahlenkarten verwenden
- Alternative zum Teppich: harter Karton
- Felder auf dem Kunstrasen mit dickem Filzstift einzeichnen
- ein oder mehrere Felder mit Zahlen beschriften
- Zahlenkarten mit den Zahlen 1 bis 100

Einsatz und Handhabung

- Kind orientiert sich an der vorgegebenen Zahl und ordnet die fehlenden Zahlenkarten zu

Variation

- zur Vereinfachung: nur Zahlenkarten mit den Zahlen der freien Felder bereitlegen
- weitere Variationen siehe „Hundertertteppich – Variation"

Kontrolle

- Vergleich mit einem Hunderterfeld-Vordruck

Keine Angst vor großen Zahlen! | Grundrechenarten Zusatzmaterialien

Logische Reihen: Zahlenspieße

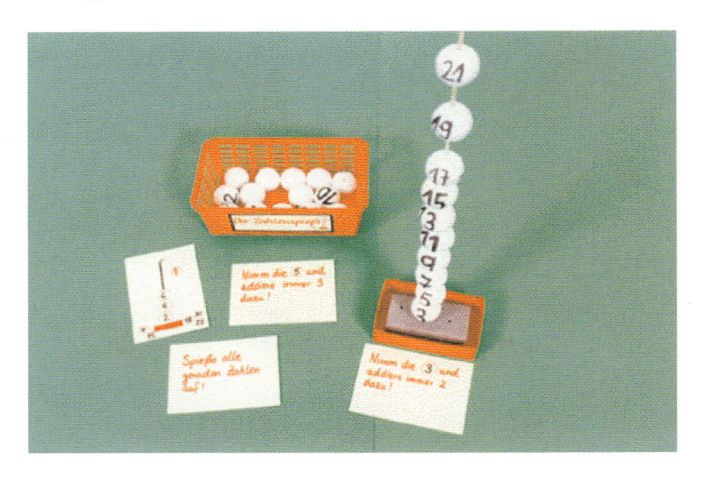

Förderziele

- Orientierung im Zahlenraum bis 30
- Erkennen von Gesetzmäßigkeiten in einer Zahlenreihe

Material und Anwendung

Herstellung und Beschaffung

- Styrophorkugeln mit den Zahlen 1 bis 30 beschriften
- dünner Holzstab, ca. 50 cm lang
- kleine Kiste mit Sand o.Ä., hier: mit Steckmaterial für Blumengestecke
- Karteikarten mit Aufträgen, z.B.:
    „2, 4, 6, ?, ?, ?; …30!"
    „Spieße alle geraden Zahlen auf!"
    „Nimm die Kugel mit der Zahl 3 und addiere immer 2 dazu!"
- anstelle der schriftlichen Aufträge können die meisten Aufträge auch gut visuell dargestellt werden

Einsatz und Handhabung

- Kind nimmt eine Karteikarte
- Kind liest den Auftrag und führt ihn aus

Variation

- Additionsaufgaben: bestimmte Anzahl von Kugeln aufspießen und die Zahlen addieren
- Zahlenraum bis 50 oder 100 erweitern, anstelle der Stäbe Schnürsenkel nehmen

Kontrolle

- auf der Rückseite der Karteikarte ist die richtige Reihenfolge der Kugeln aufgemalt

Recheneier

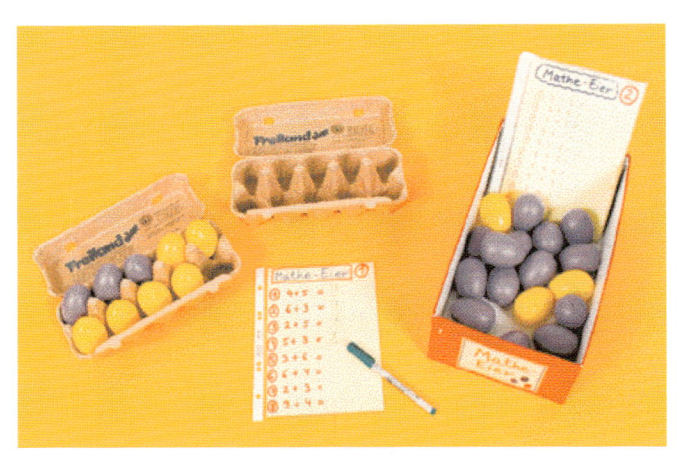

Förderziele

- Festigung von Additionsaufgaben
- Vertiefung der Einsicht in die Zehnerüberschreitung

Material und Anwendung

Herstellung und Beschaffung

- 2 Eierkartons
- 40 Eier: je 20 in einer Farben
- Karteikarten mit Additionsaufgaben in einer Klarsichthülle
- Folienstift
- Kontrollzettel hinten in der Klarsichthülle

Einsatz und Handhabung

- Kind liest die Additionsaufgabe
- Kind legt den ersten Summanden mit den Eiern der einen Farbe, den zweiten Summanden mit den Eiern der anderen Farbe
- Kind zählt das Ergebnis aus und schreibt es mit dem Folienstift auf die Karteikarte
- Kind kontrolliert zum Schluss selbst und wischt die Lösungen wieder aus

Variation

- Vertiefungen in den beiden Eierkartons mit den Zahlen von 1 bis 20 beschriften

Kontrolle

- Kontrollzettel

Keine Angst vor großen Zahlen! | Grundrechenarten Zusatzmaterialien

Das Blumenbeet

Förderziele

- Fähigkeit zum Kopfrechnen festigen

Material und Anwendung

Herstellung und Beschaffung

- aus Karton oder Moosgummi Blumen herstellen
- Schaschlikspieß als Stengel grün anmalen oder mit grünem Kreppband umwickeln
- Blütenblätter mit Zahlen beschriften
- selbstklebendes Klettband
- Kreise aus Pappe mit der Lösungszahl
- in die Blüte ein Stück des Klettbandes kleben
- andere Seite des Klettbandes auf den Kreis mit der Lösungszahl kleben
- Blumentopf oder -kasten mit Sand oder Steckschwamm für Blumengestecke

Einsatz und Handhabung

- Kind nimmt sich eine Blume und errechnet das Ergebnis
- Kind nimmt Kreis mit der Lösungszahl und heftet sie in die Mitte der Blume
- Kind steckt die fertig gerechnete Blume in den Blumentopf

Variation

- Additionsaufgaben mit und ohne Zehnerüberschreitung
- nur wenige Blütenblätter beschriften

Kontrolle

- richtige Summe auf der Rückseite der Blume

Logische Reihen: Hausnummern

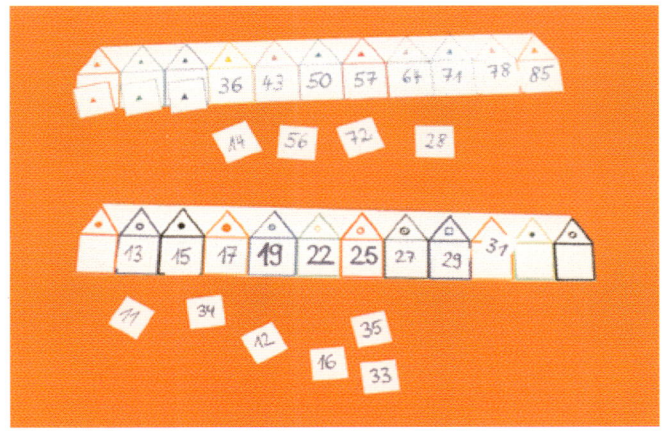

Förderziele

- Gesetzmäßigkeiten in einer Zahlenfolge erkennen
- Orientierung im Zahlenraum bis 100

Material und Anwendung

Herstellung und Beschaffung

- Streifen aus sehr hartem Karton mit einer Häuserreihe, einer Schnecke o.Ä. bemalen
- so viele Häuser mit Zahlen beschriften, dass die Kinder die Gesetzmäßigkeit der Reihenfolge erkennen können
- Zahlenkarten mit den fehlenden Karten
- Zahlenkarten mit zusätzlichen Zahlen als Finte

Einsatz und Handhabung

- Kind liest die Zahlen auf dem Streifen und überlegt sich, nach welchem Prinzip die Zahlen aufeinanderfolgen
- Kind sucht die entsprechenden Zahlenkarten aus der Menge der Zahlenkarten heraus

Variation

- logische Reihen mit Fehlern: Die Streifen sind bereits fertig durchnummeriert, eine Zahl ist falsch, Kind markiert die falsche Zahl mit einer Wäscheklammer
- Kontrolle: Falsche Zahl ist auf der Rückseite des Streifens markiert

Kontrolle

- Markierung im Dachgiebel entspricht der Markierung auf der Rückseite der richtigen Zahlenkarte

115

| Keine Angst vor großen Zahlen! | Grundrechenarten Zusatzmaterialien |

„Zahlen angeln"

Förderziele

- Festigung der Grundrechenarten

Material und Anwendung

Herstellung und Beschaffung

- aus Pappe oder einem mittelgroßen Karton ein „Aquarium" (Alternative: „Tresor") herstellen
- Karten in Form von Fischen (oder Geldsäcken) mit Zahlen beschriften
- Zahlenkarten lochen und durch das Loch eine Drahtschlaufe ziehen
- Alternative: Zahlenkarten mit Büroklammern versehen
- Stock mit einer Schnur und einem Magneten
- kleines Buch oder Heft

Einsatz und Handhabung

- Kind angelt sich Zahlenkarten
- Kind schreibt die Zahlen in das Buch und löst die Aufgabe, hier: Addition

Variation

- Rechenart entweder vorgegeben oder Kind überlegt sie sich selbst
- Sortiment verschiedener Karten, je nachdem welcher Zahlenraum und welche Rechenart geübt werden soll
- großes Angelspiel (Foto siehe S.61)

Kontrolle

- durch die Lehrerin

„Einkaufszettel"

Förderziele

- Festigung der Addition
- Alltagsbezug von Rechenaufgaben erkennen

Material und Anwendung

Herstellung und Beschaffung

- Artikel aus dem Kaufmannsladen mit Preisschildern versehen
- kleiner Einkaufskorb o.Ä.
- DIN-A3-Karteikarten als Einkaufszettel beschriften
- Karteikarte in DIN-A5-Klarsichthülle stecken
- Kontrollzettel hinter die Karteikarte in die Klarsichthülle
- Folienstift

Einsatz und Handhabung

- Kind liest den Einkaufszettel und nimmt sich die gewünschte Ware
- Kind schreibt die Preise mit dem Folienstift auf die Klarsichthülle
- Kind errechnet das Ergebnis im Kopf
- Kind kontrolliert und wischt die geschriebene Aufgabe wieder weg

Variation

- Preisangaben mit Komma-Zahlen
- Aufgaben zur schriftlichen Addition

Kontrolle

- Kontrollzettel mit der richtigen Summe

| Keine Angst vor großen Zahlen! | Grundrechenarten Zusatzmaterialien |

Perlenstäbchen zur Multiplikation

Förderziele

- Einsicht in die Struktur der Einmaleinsreihen gewinnen

Material und Anwendung

Herstellung und Beschaffung

- Holzperlen und Blumendraht
- 55 Perlenstäbchen zur Darstellung einer Reihe herstellen
- Farbe des Stäbchens richtet sich nach der Perlenmenge: Einerstäbchen = rot, Zweier = grün, Dreier = rosa, Vierer = gelb, Fünfer = hellblau, Sechser = lila, Siebener = weiß, Achter = braun, Neuner = dunkelblau, Zehner = gold
- Kärtchen in der gleichen Farbe mit den Aufgaben und Ergebnissen der Reihe beschriften

Einsatz und Handhabung

- mit den Perlenstäbchen kann eine neue Reihe eingeführt oder eine bekannte vertieft werden
- Kind legt ein Stäbchen und spricht: „1 x 4 = 4!"
- Mit etwas Abstand legt es zwei Stäbchen und spricht „2 x 4 = 8!" usw.
- Kind ordnet die Aufgaben- und Ergebniskärtchen zu

Variation

- Vergleich verwandter Einmaleinsreihen

Die Perlenstäbchen gibt es auch als original Montessori Material, sie werden hier als Zusatzmaterial nur verkürzt dargestellt.

Einmaleinsketten

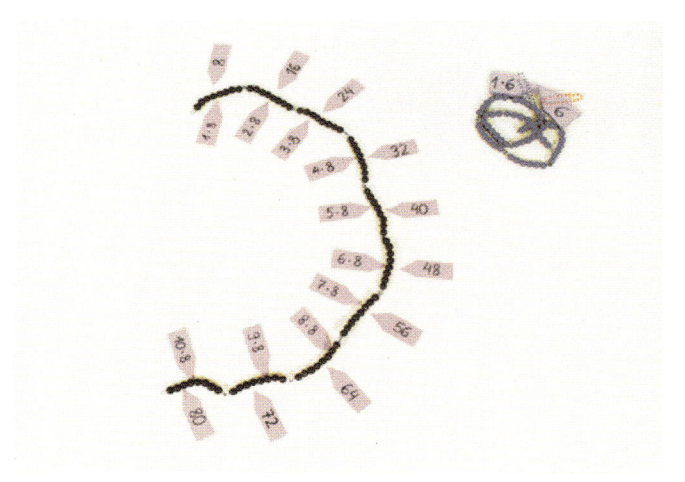

Förderziele

- Festigung der Einmaleinsreihen

Material und Anwendung

Herstellung und Beschaffung

- Holzperlen in den entsprechenden Farben (siehe „Perlenstäbchen") und Blumendraht
- 10 Perlenstäbchen einer Einmaleinsreihe zu einer Kette verbinden
- Pfeile aus farbigem Karton, die Farbe des Pfeiles entspricht der Farbe der Kette
- Pfeile mit den Einmaleinsaufgaben und Pfeile mit den Ergebnissen

Einsatz und Handhabung

- Kind legt die Kette aus
- Kind legt die Pfeile an die entsprechende Stelle der Kette

Variation

- Aufschreiben der Reihe
- Vergleich verwandter Einmaleinsreihen

Tipp

Besonders günstig lassen sich die Einmaleinsketten aus den Holzperlen von Autositzauflagen herstellen. Dabei fällt dann allerdings die farbige Unterscheidung nach Montessori weg.

| Keine Angst vor großen Zahlen! | Grundrechenarten Zusatzmaterialien |

Einmaleins-Schlange

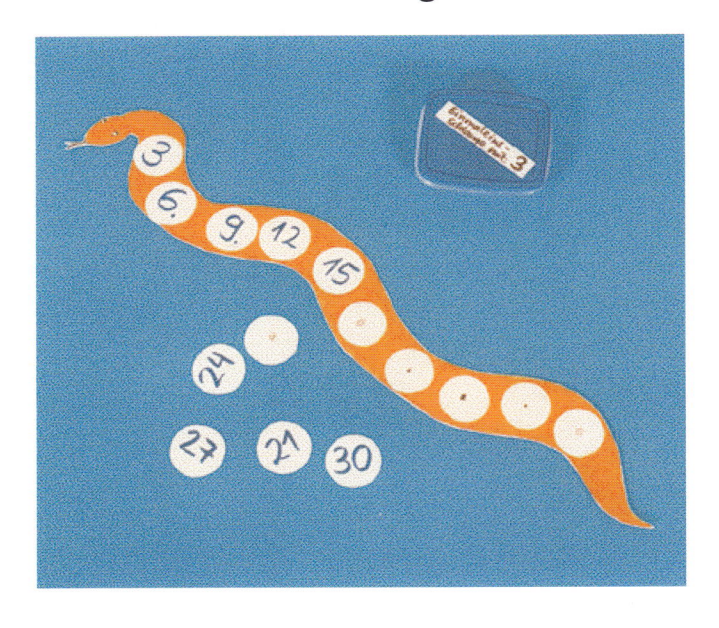

Förderziele

- Automatisierung der Einmaleinsreihen

Material und Anwendung

Herstellung und Beschaffung

- Streifen aus sehr hartem Karton mit einer Schlange bemalen
- auf die Schlange 10 Kreise malen
- entsprechend große Kreise für die Einmaleinsreihen aus Pappe ausschneiden
- die Kreise mit den Ergebnissen der Einmaleinsreihen beschriften
- Kopiervorlage siehe Teil IV, S.168f

Einsatz und Handhabung

- Kind nimmt die Pappkreise einer Reihe und legt sie in der richtigen Reihenfolge auf die Schlange

Variation

- mehrere Schlangen oder andere Tiere
- Ergebnisse von verschiedenen Einmaleinsreihen müssen dem jeweiligen Tier zu geordnet werden

Kontrolle

- gleiche Symbole in den Kreisen auf der Schlange und auf der Rückseite der Pappkreise

"Einmaleins beim Einkaufen"

Förderziele

- Festigung der Einmaleinsreihen
- Übertragung des Einsatzes der Multiplikation auf eine Alltagssituation

Material und Anwendung

Herstellung und Beschaffung

- Artikel aus dem Kaufmannsladen
- mehrere Artikel mit dem gleichen Preisschild versehen und auf eine Pappe kleben
- kleine Karten mit Aufgabenstellungen z.B. „4 x 2 €"
- kleine Karten mit Lösungen, z.B. „= 8 €"
- Spielgeld auf Karten kleben, z.B. 4 Zwei-Eurostücke

Einsatz und Handhabung

- Kind nimmt eine Pappe mit Artikeln und zählt die Anzahl der Gegenstände
- Kind sucht entsprechende Karte mit der Malaufgabe sowie der Lösung und legt sie unter die Pappe mit den Artikeln

Variation

- Kind legt die Preise mit Spielgeld selber aus, z.B. 4 Zwei-Eurostücke

Kontrolle

- gleiche Nummerierung auf der Rückseite der zusammengehörigen Pappen und Karten

IV.
Kopiervorlagen

Inhaltsverzeichnis Kopiervorlagen

Lesen

Leseliste	121
Wo hörst du das „st"?	122
Schwierige Schulwörter	126
Phonogramm-Sätze	129
Lesehefte	133
Welches Tier ist das?	134
Wohin geht Leo?	135

Wortarten

Die Jagd nach dem Namenwort	137
Der, die oder das?	139
Das logische Adjektivspiel	140
Das logische Tuwortspiel	143
Wo ist die Maus?	145

Mathematik

Aufgabenkarten „Numerische Stangen"	148
Kartensatz	150
Aufgabenkarten „Goldene Perlen"	151
Addition ohne Umtauschen	151
Addition mit Umtauschen	152
Multiplikation	153
Subtraktion ohne Umtauschen	154
Subtraktion mit Umtauschen	155
Division ohne Umtauschen	156
Division mit Umtauschen	157
Division mit Rest	158
Markenspiel	159
Streifenbrett zur Addition	160
Kleines Multiplikationsbrett	163
Einmaleins-Schlange	168
Divisionsbrett	170
Formulare zum kleinen Einsdurcheins	170
Leerformulare	172

Motiviert lesen lernen! — Kopiervorlagen Leseliste

Leseliste

von

_____

"Pass auf, ich lese dir etwas vor!"

Datum	Name des Textes	Unterschrift

Motiviert lesen lernen!

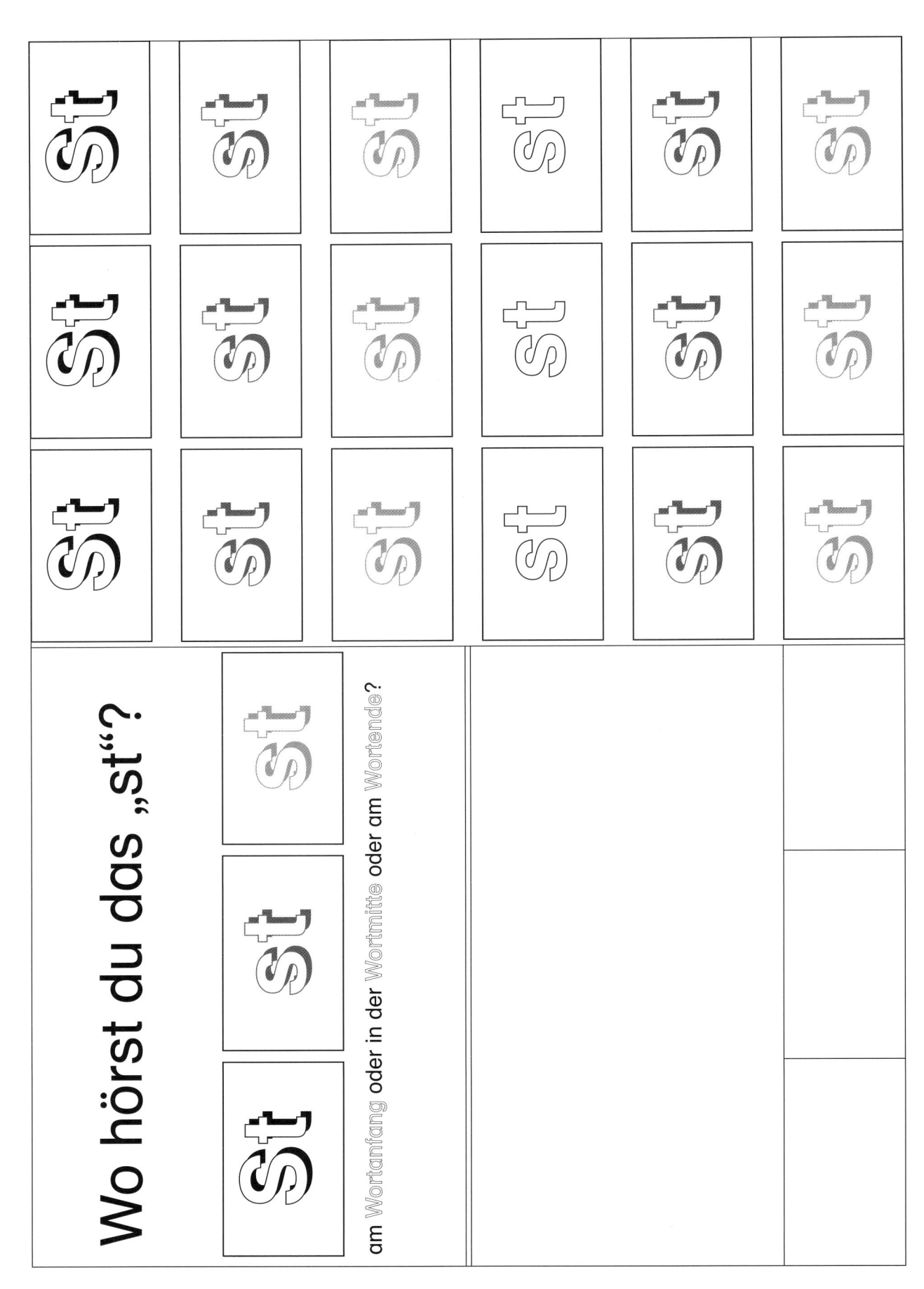

**Kopiervorlagen
Wo hörst du das „st"?**

Wo hörst du das „st"?

am Wortanfang oder in der Wortmitte oder am Wortende?

122

Motiviert lesen lernen!

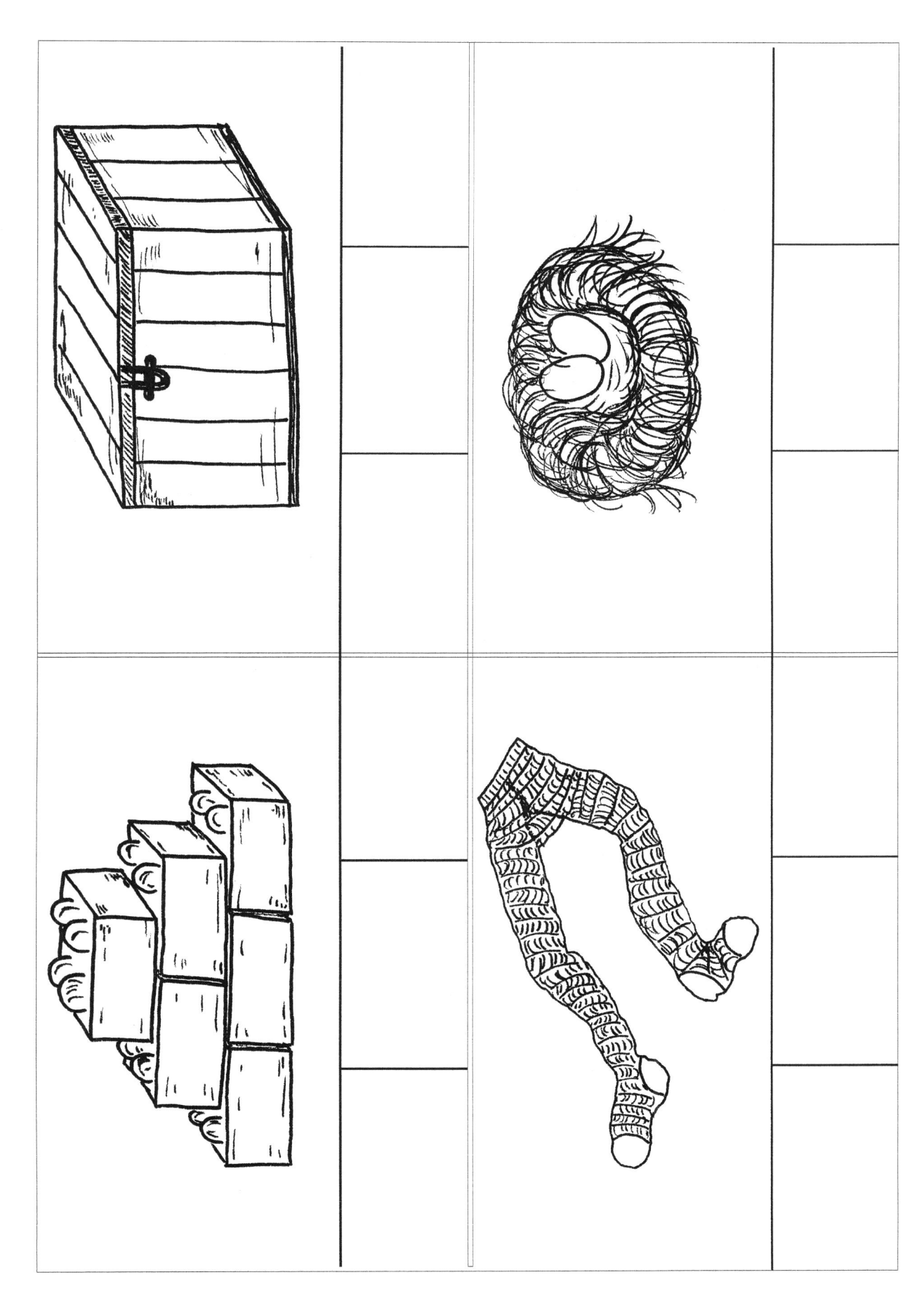

Kopiervorlagen
Wo hörst du das „st"?

Motiviert lesen lernen!

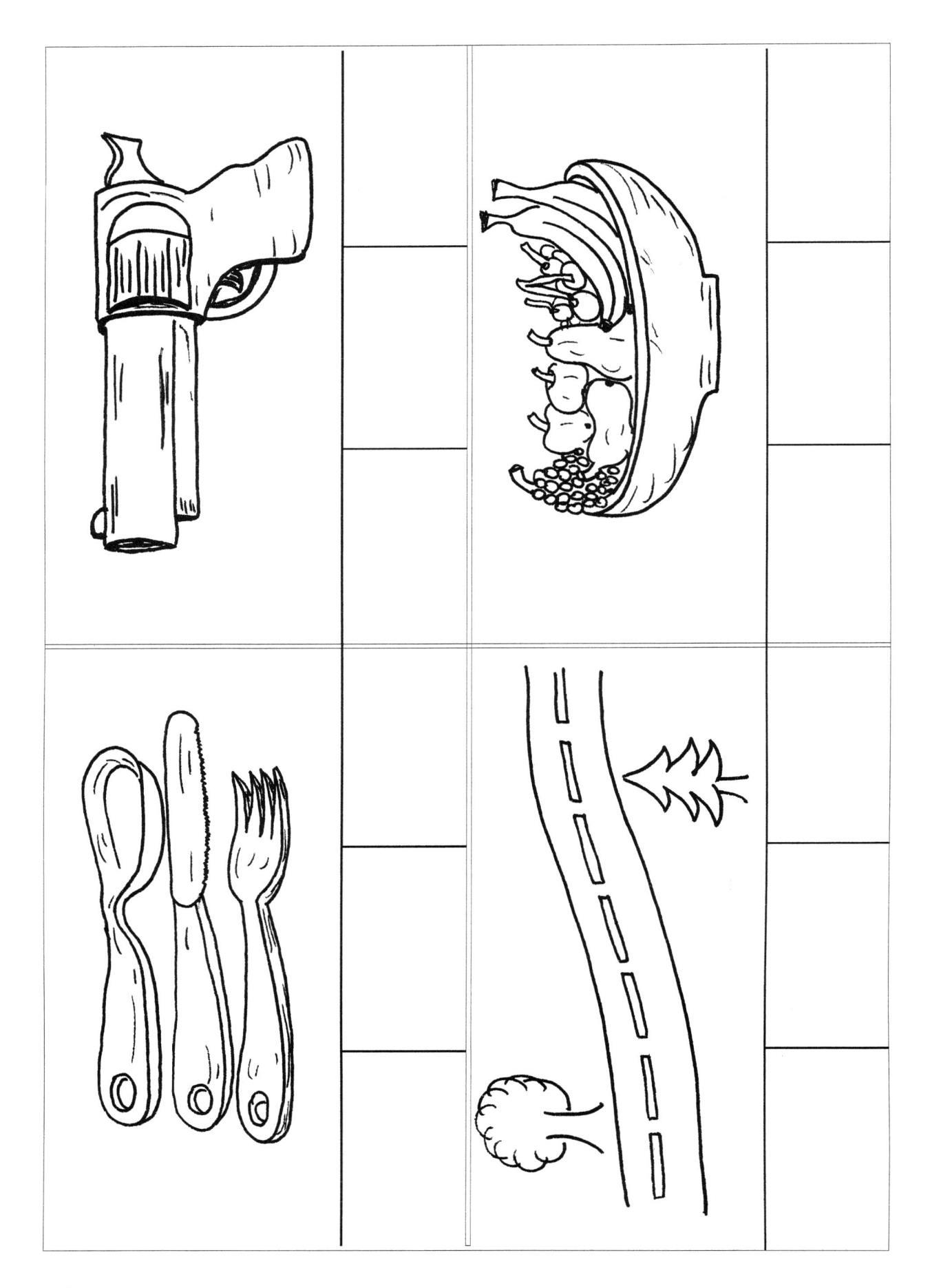

**Kopiervorlagen
Wo hörst du das „st"?**

Motiviert lesen lernen!

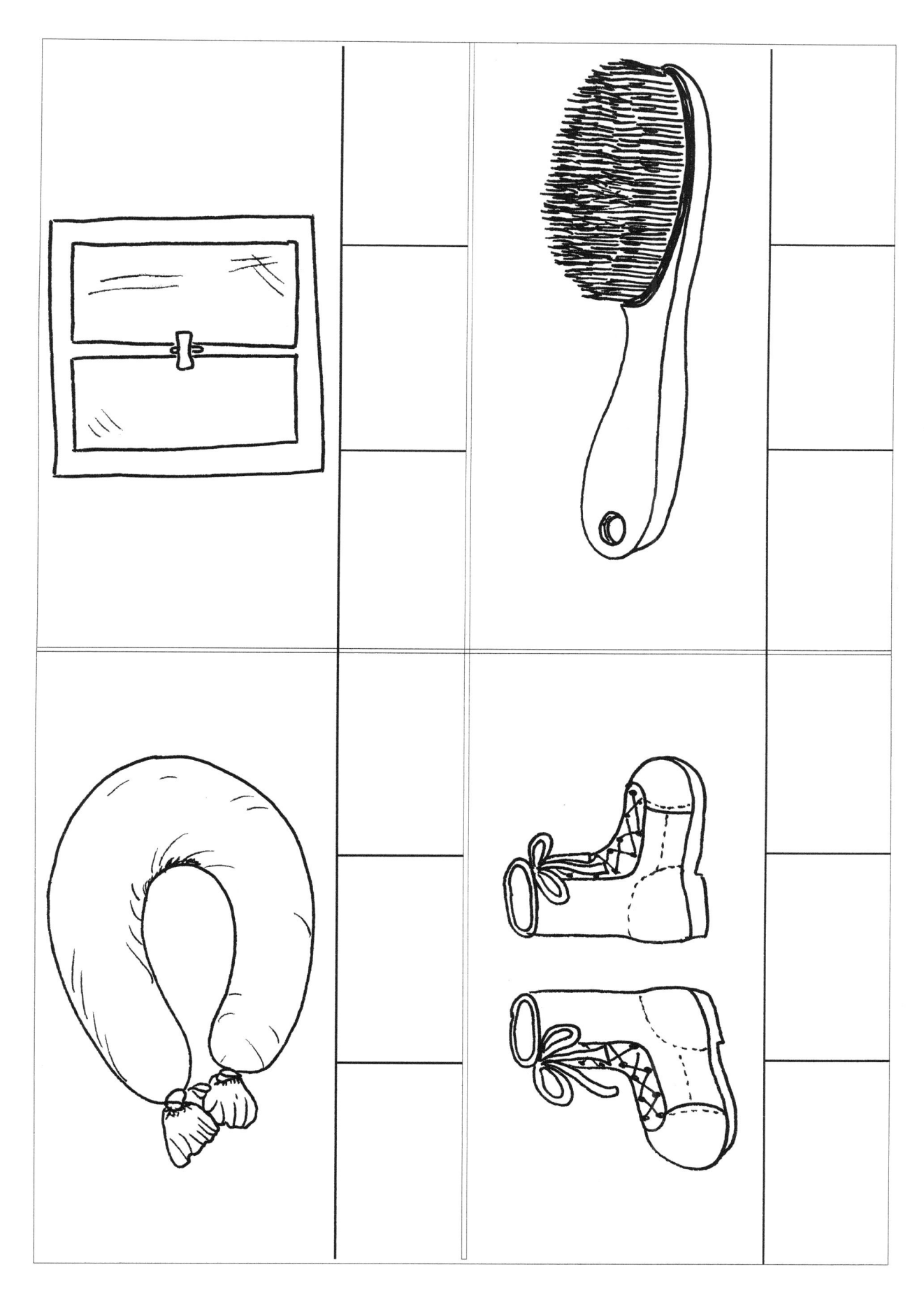

**Kopiervorlagen
Wo hörst du das „st"?**

Motiviert lesen lernen!

Kopiervorlagen
Schwierige Schulwörter

1. der Klebe____ift
2. die ____ere
3. das Mäpp____en
4. der ____wamm
5. der ____ulranzen
6. das Lesebu____
7. der Blei____ift
8. der Rad____rer
9. der ____itzer
10. die Kr____de

Motiviert lesen lernen!

Kopiervorlagen
Schwierige Schulwörter

| ch | st | ie | Sp | ei |

| st | ch | Sch | Sch | Sch |

Kontrollblatt
„Schwierige Schulwörter"

1. der Klebestift
2. die Schere
3. das Mäppchen
4. der Schwamm
5. der Schulranzen
6. das Lesebuch
7. der Bleistift
8. der Radierer
9. der Spitzer
10. die Kreide

Motiviert lesen lernen!

Kopiervorlagen
Phonogramm-Sätze

9. Der glückliche Bäcker an der Ecke backt leckere Weckchen.

10. Die Katze von Fritz sitzt auf der Mütze von Moritz und putzt ihre Tatze.

11. In Spanien sprechen Sportler Spanisch und speisen Spinat.

12. Die Frösche überqueren quakend die Quelle und quasseln Quatsch.

13. Sechs Füchse trinken Bier aus der Büchse.

Motiviert lesen lernen! — Kopiervorlagen Phonogramm-Sätze

Kontrollblatt „Phonogramm-Sätze"

1. Saschas Schere schneidet scharf.
2. Lauras Maus saust aus dem Haus.
3. Meine weiße Kreide schreibt fein.
4. Der liebe Riese liegt auf der Wiese
5. Die neun Eulen heulen heute neunmal.
6. Der starke Stier stampft stolz stundenlang auf der Straße.
7. Die frechen Mädchen kichern in der Kirche.
8. Das hüpfende Pferd pflückt Äpfel, Pfirsiche und Pflaumen.
9. Der glückliche Bäcker an der Ecke backt leckere Weckchen.
10. Die Katze von Fritz sitzt auf der Mütze von Moritz und putzt ihre Tatze.
11. In Spanien sprechen Sportler Spanisch und speisen Spinat.
12. Die Frösche überqueren quakend die Quelle und quasseln Quatsch.
13. Sechs Füchse trinken Bier aus der Büchse.

Motiviert lesen lernen! — Kopiervorlagen Phonogramm-Sätze

Kontrollblatt „Phonogramm-Sätze"

Male die Phonogramme rot an, die in einem Satz häufig vorkommen!

1. Saschas Schere schneidet scharf.
2. Lauras Maus saust aus dem Haus.
3. Meine weiße Kreide schreibt fein.
4. Der liebe Riese liegt auf der Wiese
5. Die neun Eulen heulen heute neunmal.
6. Der starke Stier stampft stolz stundenlang auf der Straße.
7. Die frechen Mädchen kichern in der Kirche.
8. Das hüpfende Pferd pflückt Äpfel, Pfirsiche und Pflaumen.
9. Der glückliche Bäcker an der Ecke backt leckere Weckchen.
10. Die Katze von Fritz sitzt auf der Mütze von Moritz und putzt ihre Tatze.
11. In Spanien sprechen Sportler Spanisch und speisen Spinat.
12. Die Frösche überqueren quakend die Quelle und quasseln Quatsch.
13. Sechs Füchse trinken Bier aus der Büchse.

Motiviert lesen lernen!

Kopiervorlagen
Lesehefte

Motiviert lesen lernen!

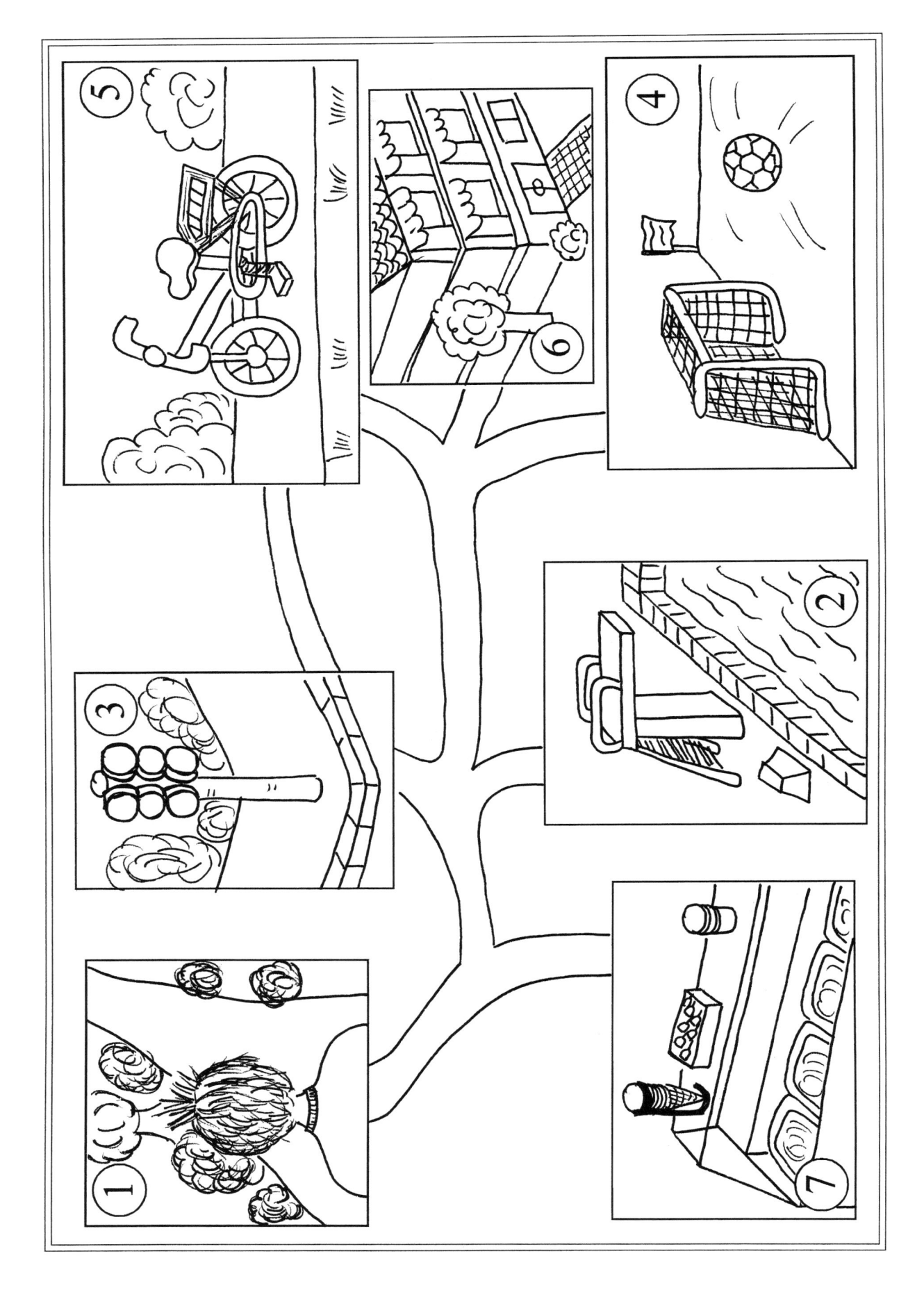

Kopiervorlagen
Wohin geht Leo?

Aktiv die Funktion der Wortarten erfahren

Kopiervorlagen
Die Jagd nach dem Namenwort

- Laura trinkt die Milch.
- Ali spült die Becher.
- Sarah gießt die Blumen.
- Benedict öffnet die Tür.
- Konstantin liest das Buch.
- Steffi putzt die Tafel.
- David wäscht die Hände.
- Selim holt das Wasser.
- Lisa fegt die Klasse.
- Peter malt das Auto.

Aktiv die Funktion der Wortarten erfahren

Kopiervorlagen
Die Jagd nach dem Namenwort

- Laura trinkt die Milch.
- Ali spült die Becher.
- Sarah gießt die Blumen.
- Benedict öffnet die Tür.
- Konstantin liest das Buch.
- Steffi putzt die Tafel.
- David wäscht die Hände.
- Selim holt das Wasser.
- Lisa fegt die Klasse.
- Peter malt das Auto.

Aktiv die Funktion der Wortarten erfahren

Kopiervorlagen
Der, die oder das?

Schulhof	der	Lehrer	der
Pausenbrot	das	Heft	das
Lehrerin	die	Buch	das
Schüler	die	Mäppchen	das
Turnhalle	die	Bleistift	der
Tafel	die	Füller	der
Schwamm	der	Buntstift	der
Kreide	die	Filzstift	der
Leseecke	die	Pause	die

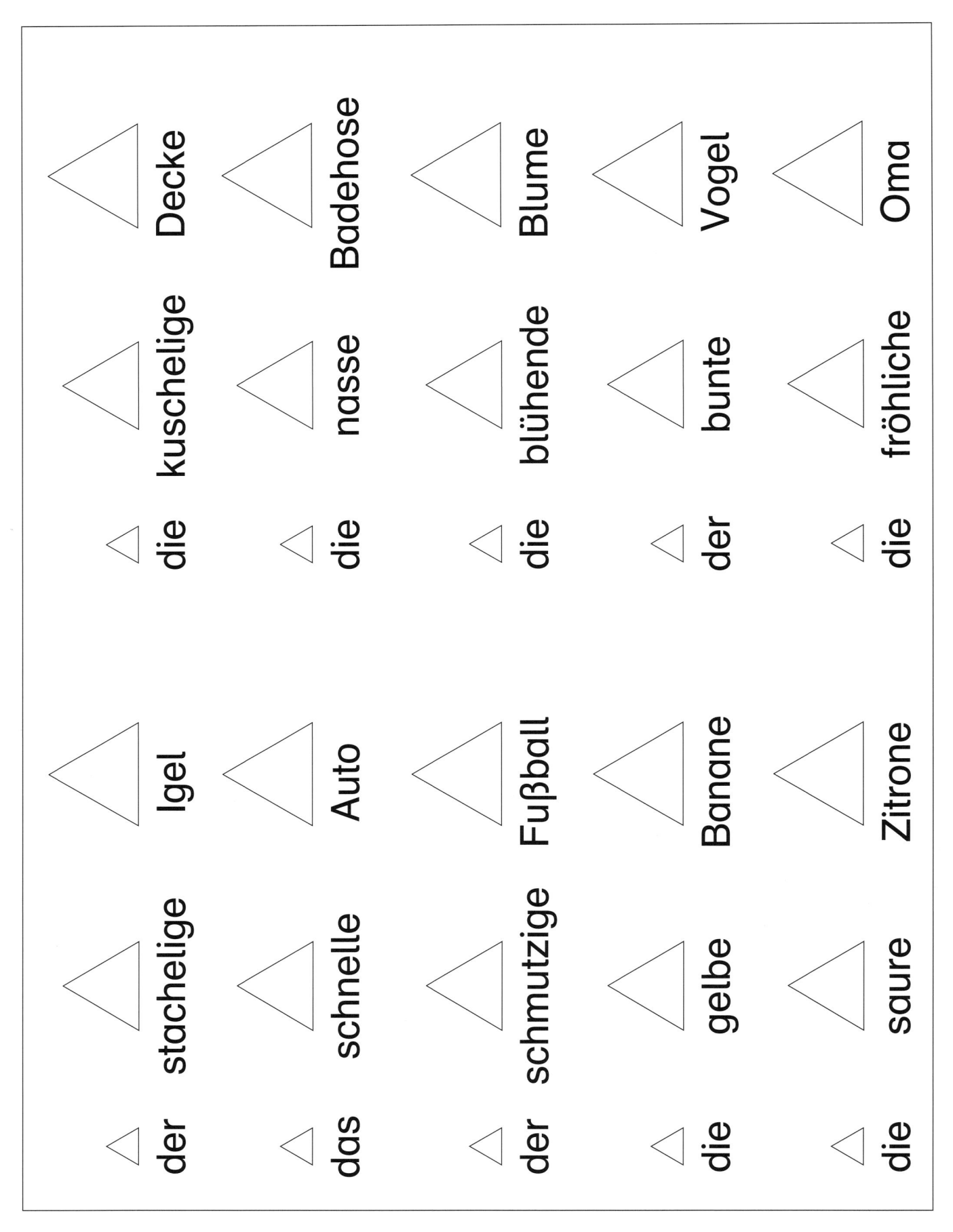

Aktiv die Funktion der Wortarten erfahren

Kopiervorlagen
Das logische Adjektivspiel

der ◁	stachelige ◁	Igel ◁	die ◁	kuschelige ◁	Decke ◁
das ◁	schnelle ◁	Auto ◁	die ◁	nasse ◁	Badehose ◁
der ◁	schmutzige ◁	Fußball ◁	die ◁	blühende ◁	Blume ◁
die ◁	gelbe ◁	Banane ◁	der ◁	bunte ◁	Vogel ◁
die ◁	saure ◁	Zitrone ◁	die ◁	fröhliche ◁	Oma ◁

Aktiv die Funktion der Wortarten erfahren

Kopiervorlagen
Das logische Adjektivspiel

die	Decke
die	Badehose
die	Blume
der	Vogel
die	Oma
der	Igel
das	Auto
der	Fußball
die	Banane
die	Zitrone

Aktiv die Funktion der Wortarten erfahren

Kopiervorlagen
Das logische Adjektivspiel

blühende	bunte	fröhliche	kuschelige	nasse
stachelige	schnelle	schmutzige	gelbe	saure

Aktiv die Funktion der Wortarten erfahren

**Kopiervorlagen
Das logische Tuwortspiel**

schwimmt

backt

bellt

sitzt

klaut

Der Fisch schwimmt im Wasser.

Der Bäcker backt ein Brot.

Der Hund bellt vor der Haustür.

Die Oma sitzt in dem Sessel.

Der Dieb klaut die Banane.

Aktiv die Funktion der Wortarten erfahren

Kopiervorlagen
Das logische Tuwortspiel

Der Fisch	im Wasser.
Der Bäcker	ein Brot.
Der Hund	vor der Haustür.
Die Oma	in dem Sessel.
Der Dieb	die Banane.

Aktiv die Funktion der Wortarten erfahren

**Kopiervorlagen
Wo ist die Maus?**

- Die Maus ist dem Apfel.
- Die Maus ist der Tasse.
- Die Maus ist dem Elefant.
- Die Maus ist dem Eierbecher.
- Die Maus ist dem Toilettenpapier.

Keine Angst vor großen Zahlen!

Kopiervorlagen
Numerische Stangen

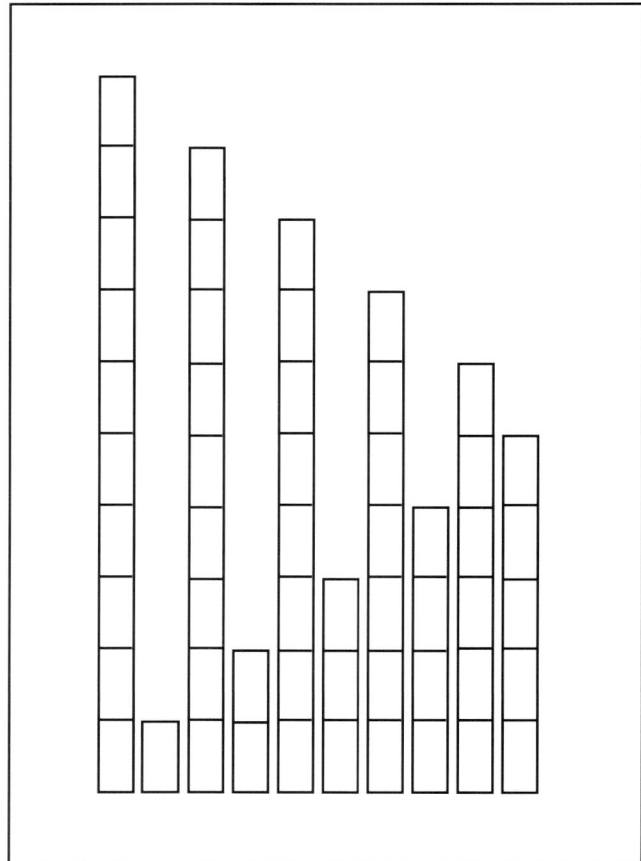

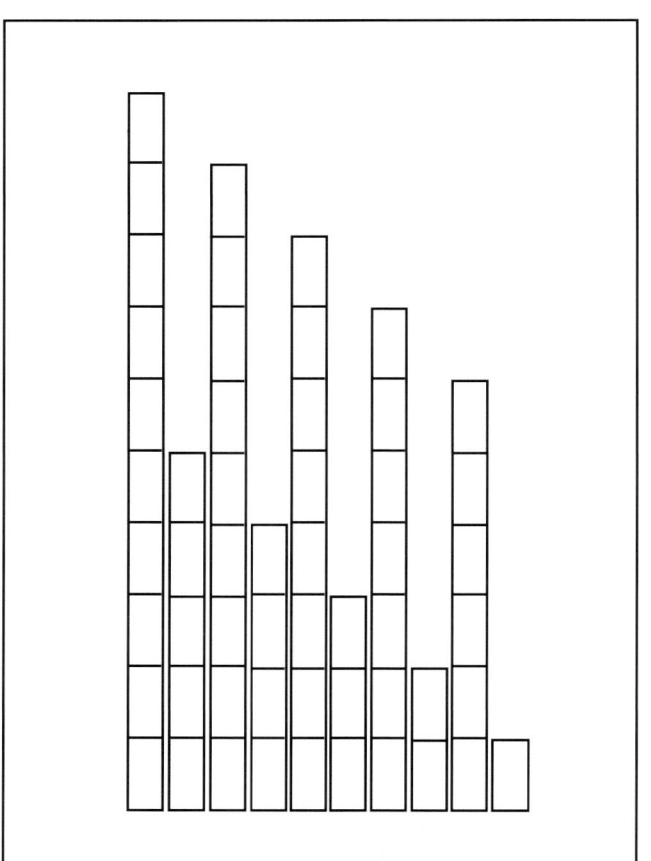

10 - 1 - 9 - 2 - 8 - 3 - 7 - 4 - 6 - 5

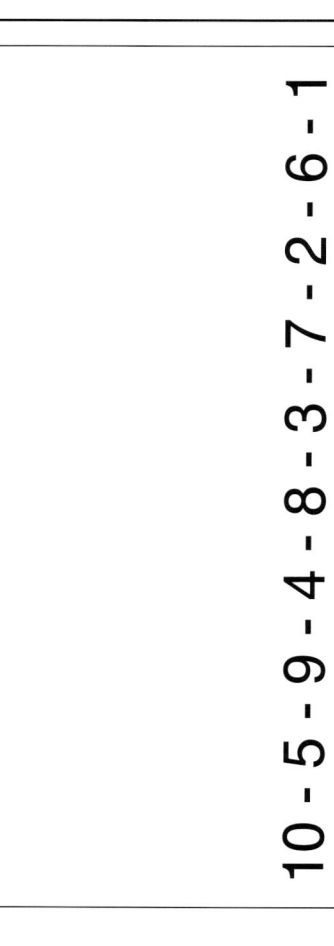

10 - 5 - 9 - 4 - 8 - 3 - 7 - 2 - 6 - 1

Keine Angst vor großen Zahlen!

Kopiervorlagen
Numerische Stangen

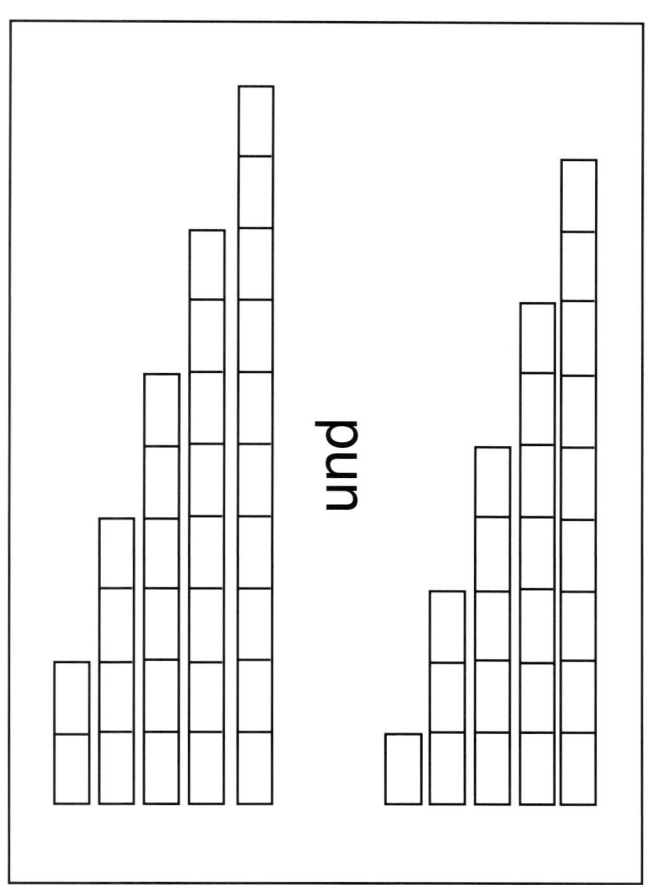

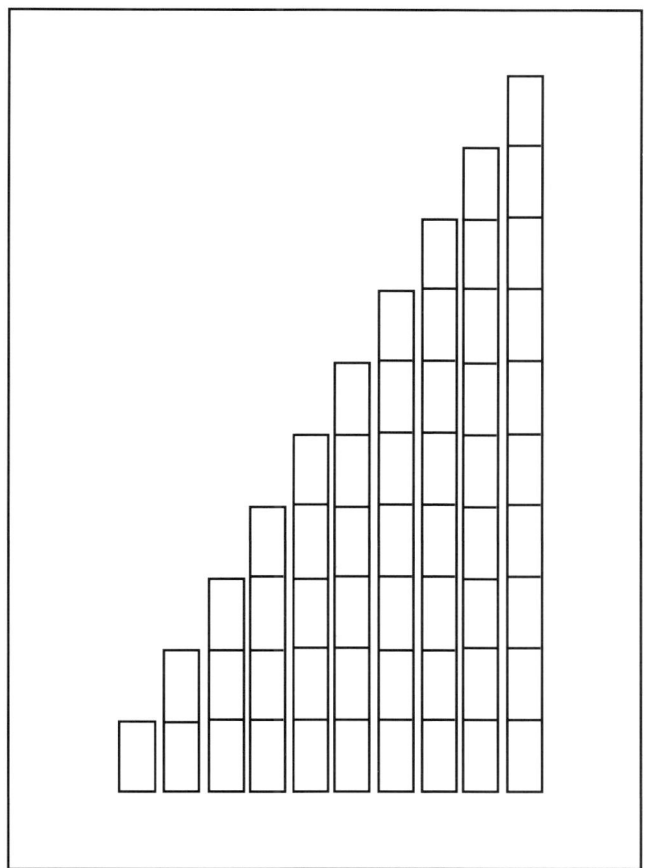

und

2 - 4 - 6 - 8 - 10
und
1 - 3 - 5 - 7 - 9

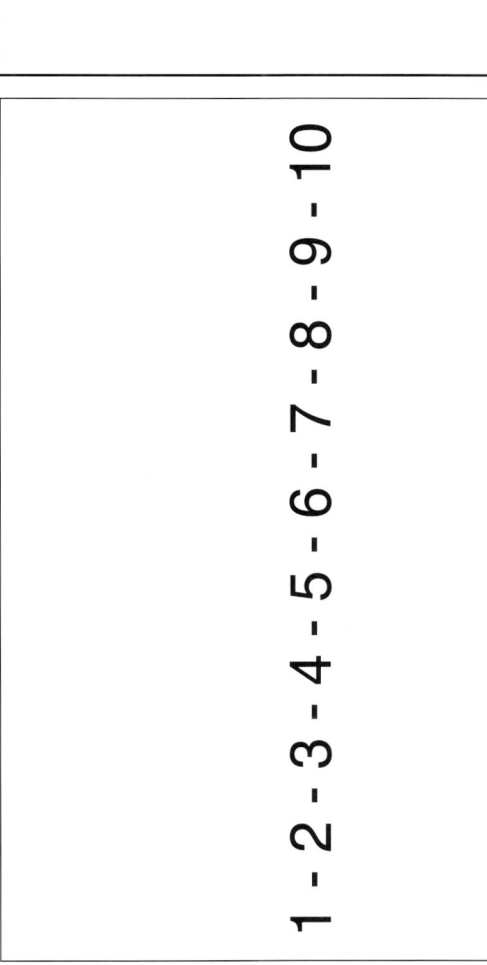

1 - 2 - 3 - 4 - 5 - 6 - 7 - 8 - 9 - 10

149

Keine Angst vor großen Zahlen!

Kopiervorlagen
Kartensatz

1	2	3	4	5	6	7	8	9
0	0	0	0	0	0	0	0	0
1	2	3	4	5	6	7	8	9
0 0	0 0	0 0	0 0	0 0	0 0	0 0	0 0	0 0
1	2	3	4	5	6	7	8	9
0 0	0 0	0 0	0 0	0 0	0 0	0 0	0 0	0 0
0	0	0	0	0	0	0	0	0
1	2	3	4	5	6	7	8	9

Keine Angst vor großen Zahlen!

Kopiervorlagen
Goldene Perlen Addition ohne Umtauschen

84777	9999	89989	85587
4356 + 4121	7864 + 2135	2817 + 4040 + 2132	3410 + 2156 + 3021
3545	5355	9779	9787
1234 + 2311	4112 + 1243	7328 + 2451	5164 + 4623

151

Keine Angst vor großen Zahlen!

Kopiervorlagen
Goldene Perlen Addition mit Umtauschen

97795	9279	7938	9978
2418 + 3171 + 4206	6134 + 1321 + 1824	4281 + 1502 + 2155	3267 + 1620 + 5091
7719	9345	8490	8870
4567 + 3152 +	7192 + 2153 +	5271 + 3219 +	6142 + 2728 +

152

Keine Angst vor großen Zahlen!

Kopiervorlagen
Goldene Perlen Multiplikation

3 · 2132	6396	5 · 1652	8260
2 · 4234	8468	6 · 1234	7404
4 · 2162	8648	2 · 4379	8758
3 · 3196	9588	4 · 2194	8776

Keine Angst vor großen Zahlen!

Kopiervorlagen
Goldene Perlen Subtraktion ohne Umtauschen

6412	1301	2113	1311
8918 − 2506	3615 − 2314	9687 − 4153 − 3421	8598 − 3162 − 4125
4113	4521	3122	2112
5387 − 1274	9768 − 5247	6548 − 3426	7376 − 5264

Keine Angst vor großen Zahlen!

Kopiervorlagen
Goldene Perlen Subtraktion mit Umtauschen

27790	111	3307	1500
5939 − 3149	29984 − 28873	87796 − 43385 − 11104	91184 − 4419 − 3265
1182	2590	49773	1107
6714 − 5532	5831 − 3241	7687 − 2714	9815 − 8708

155

Keine Angst vor großen Zahlen!

Kopiervorlagen
Goldene Perlen Division ohne Umtauschen

1212	2331	4334	1323
4848 : 4	6993 : 3	8668 : 2	3969 : 3
2323	1234	2111	4314
6969 : 3	2468 : 2	8444 : 2	8628 : 2

Keine Angst vor großen Zahlen!

Kopiervorlagen
Goldene Perlen Division mit Umtauschen

953	964	492	671
8577 : 9	5784 : 6	1476 : 3	4697 : 7
604	1032	406	570
3624 : 6	8256 : 8	2842 : 7	2850 : 5

Keine Angst vor großen Zahlen!

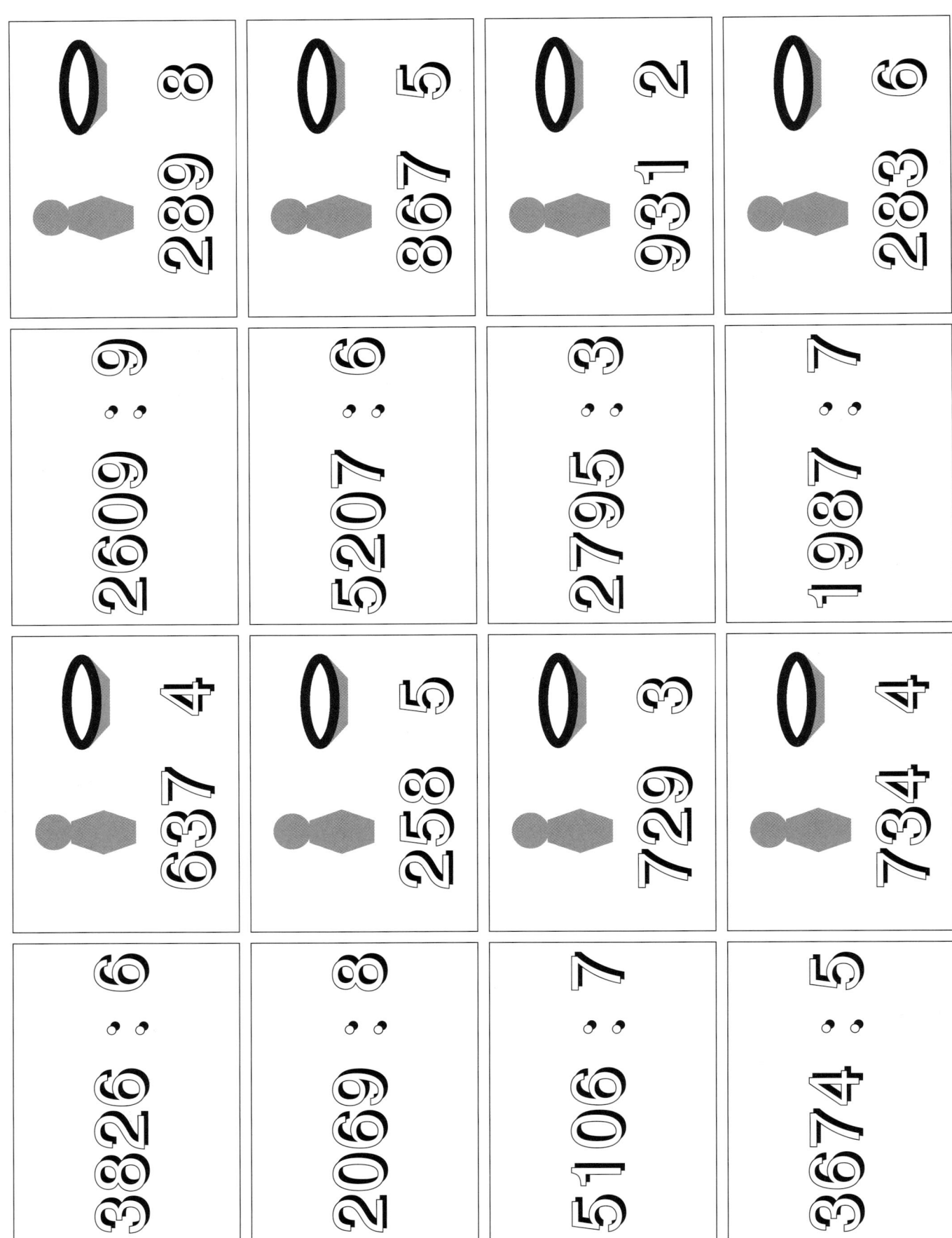

**Kopiervorlagen
Goldene Perlen Division mit Rest**

289 : 8	867 : 5	931 : 2	283 : 6
2609 : 9	5207 : 6	27795 : 3	1987 : 7
637 : 4	258 : 5	729 : 3	734 : 4
3826 : 6	2069 : 8	5106 : 7	3674 : 5

158

Keine Angst vor großen Zahlen!

Kopiervorlagen
Markenspiel

10	10	10	1000	1000	1000	
1	1	1	100	100	100	
1000	1000	1000	1000	1000	1000	1000
100	100	100	100	100	100	100
10	10	10	10	10	10	10
1	1	1	1	1	1	1
1000	1000	1000	1000	1000	1000	1000
100	100	100	100	100	100	100
10	10	10	10	10	10	10
1	1	1	1	1	1	1

Keine Angst vor großen Zahlen!

**Kopiervorlagen
Streifenbrett zur Addition**

9	+	1	=		
9	+	2	=		
9	+	3	=		
9	+	4	=		
9	+	5	=		
9	+	6	=		
9	+	7	=		
9	+	8	=		
9	+	9	=		

2	+	1	=		
5	+	2	=		
7	+	3	=		
4	+	4	=		
9	+	5	=		
1	+	6	=		
8	+	7	=		
3	+	8	=		
6	+	9	=		

9	+	1	=		
8	+	2	=		
7	+	3	=		
6	+	4	=		
5	+	5	=		
4	+	6	=		
3	+	7	=		
2	+	8	=		
1	+	9	=		

	+		=		
	+		=		
	+		=		
	+		=		
	+		=		
	+		=		
	+		=		
	+		=		
	+		=		

Keine Angst vor großen Zahlen!

**Kopiervorlagen
Kleines Multiplikationsbrett**

	1	·	2	=		
	2	·	2	=		
	3	·	2	=		
	4	·	2	=		
	5	·	2	=		
	6	·	2	=		
	7	·	2	=		
	8	·	2	=		
	9	·	2	=		
1	0	·	2	=		

	1	·	4	=		
	2	·	4	=		
	3	·	4	=		
	4	·	4	=		
	5	·	4	=		
	6	·	4	=		
	7	·	4	=		
	8	·	4	=		
	9	·	4	=		
1	0	·	4	=		

	1	·	3	=		
	2	·	3	=		
	3	·	3	=		
	4	·	3	=		
	5	·	3	=		
	6	·	3	=		
	7	·	3	=		
	8	·	3	=		
	9	·	3	=		
1	0	·	3	=		

	1	·	5	=		
	2	·	5	=		
	3	·	5	=		
	4	·	5	=		
	5	·	5	=		
	6	·	5	=		
	7	·	5	=		
	8	·	5	=		
	9	·	5	=		
1	0	·	5	=		

Keine Angst vor großen Zahlen!

Keine Angst vor großen Zahlen!

**Kopiervorlagen
Kleines Multiplikationsbrett**

	1	·	1	=		
	2	·	1	=		
	3	·	1	=		
	4	·	1	=		
	5	·	1	=		
	6	·	1	=		
	7	·	1	=		
	8	·	1	=		
	9	·	1	=		
1	0	·	1	=		

		·		=		
		·		=		
		·		=		
		·		=		
		·		=		
		·		=		
		·		=		
		·		=		
		·		=		
		·		=		

Keine Angst vor großen Zahlen!

**Kopiervorlagen
Kleines Multiplikationsbrett**

	1	·	6	=		
	2	·	6	=		
	3	·	6	=		
	4	·	6	=		
	5	·	6	=		
	6	·	6	=		
	7	·	6	=		
	8	·	6	=		
	9	·	6	=		
1	0	·	6	=		

	1	·	7	=		
	2	·	7	=		
	3	·	7	=		
	4	·	7	=		
	5	·	7	=		
	6	·	7	=		
	7	·	7	=		
	8	·	7	=		
	9	·	7	=		
1	0	·	7	=		

	1	·	8	=		
	2	·	8	=		
	3	·	8	=		
	4	·	8	=		
	5	·	8	=		
	6	·	8	=		
	7	·	8	=		
	8	·	8	=		
	9	·	8	=		
1	0	·	8	=		

	1	·	9	=		
	2	·	9	=		
	3	·	9	=		
	4	·	9	=		
	5	·	9	=		
	6	·	9	=		
	7	·	9	=		
	8	·	9	=		
	9	·	9	=		
1	0	·	9	=		

Keine Angst vor großen Zahlen!

**Kopiervorlagen
Kleines Multiplikationsbrett**

	1	·	1	0	=			
	2	·	1	0	=			
	3	·	1	0	=			
	4	·	1	0	=			
	5	·	1	0	=			
	6	·	1	0	=			
	7	·	1	0	=			
	8	·	1	0	=			
	9	·	1	0	=			
1	0	·	1	0	=			

		·			=			
		·			=			
		·			=			
		·			=			
		·			=			
		·			=			
		·			=			
		·			=			
		·			=			
		·			=			

Keine Angst vor großen Zahlen!

**Kopiervorlagen
Kleines Multiplikationsbrett**

1	2	3	4	5	6	7	8	9	10
2	4	6	8	10	12	14	16	18	20
3	6	9	12	15	18	21	24	27	30
4	8	12	16	20	24	28	32	36	40
5	10	15	20	25	30	35	40	45	50
6	12	18	24	30	36	42	48	54	60
7	14	21	28	35	42	49	56	63	70
8	16	24	32	40	48	56	64	72	80
9	18	27	36	45	54	63	72	81	90
10	20	30	40	50	60	70	80	90	100

Keine Angst vor großen Zahlen!

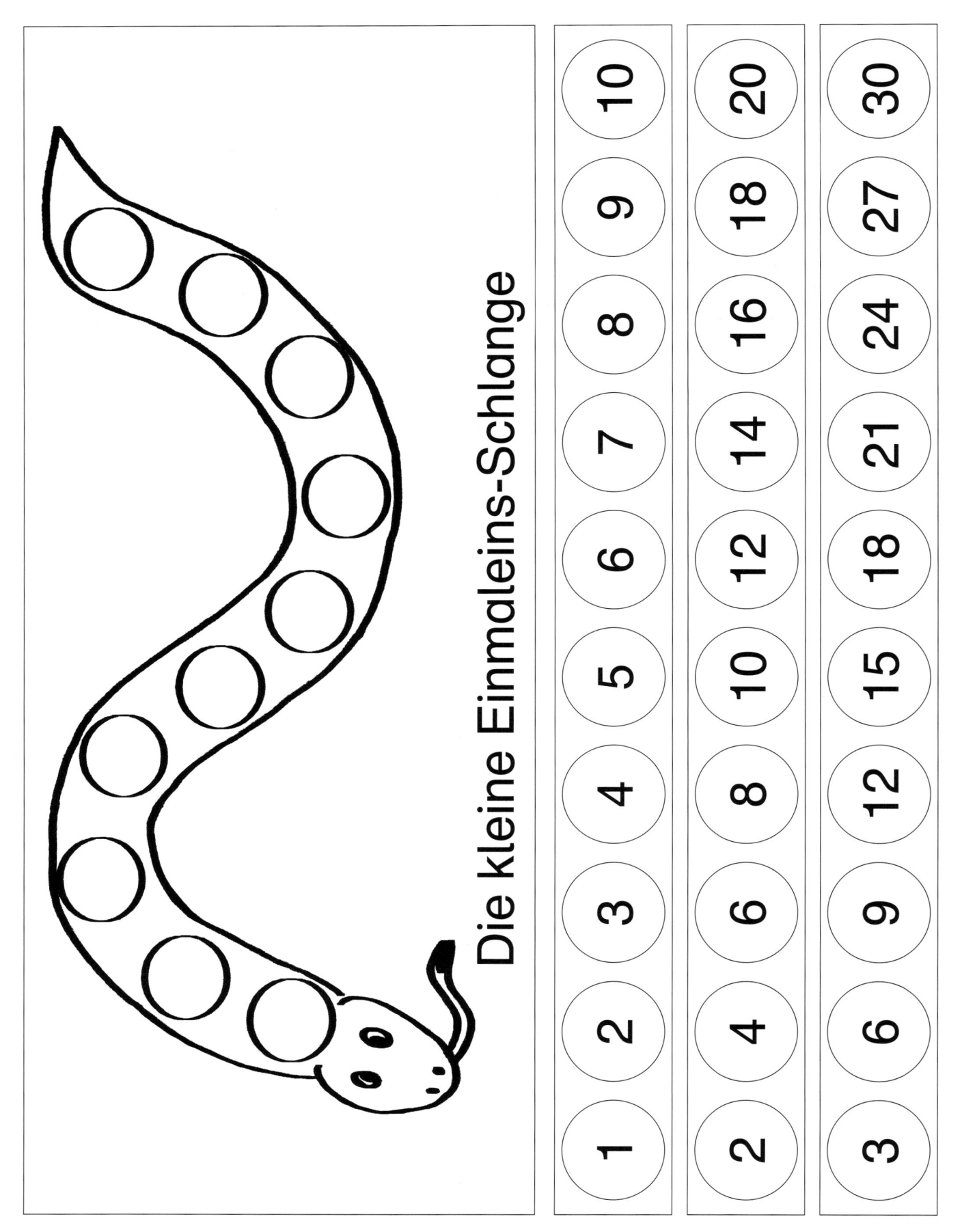

Kopiervorlagen
Einmaleins-Schlange

Die kleine Einmaleins-Schlange

1	2	3	4	5	6	7	8	9	10
2	4	6	8	10	12	14	16	18	20
3	6	9	12	15	18	21	24	27	30

Keine Angst vor großen Zahlen!

**Kopiervorlagen
Einmaleins-Schlange**

4	5	6	7	8	9	10
8	10	12	14	16	18	20
12	15	18	21	24	27	30
16	20	24	28	32	36	40
20	25	30	35	40	45	50
24	30	36	42	48	54	60
28	35	42	49	56	63	70
32	40	48	56	64	72	80
36	45	54	63	72	81	90
40	50	60	70	80	90	100

Keine Angst vor großen Zahlen! Kopiervorlagen
Divisionsbrett

9	:	1	=	
8	:	1	=	
7	:	1	=	
6	:	1	=	
5	:	1	=	
4	:	1	=	
3	:	1	=	
2	:	1	=	
1	:	1	=	

1	8	:	2	=	
1	6	:	2	=	
1	4	:	2	=	
1	2	:	2	=	
1	0	:	2	=	
	8	:	2	=	
	6	:	2	=	
	4	:	2	=	
	2	:	2	=	

2	7	:	3	=	
2	4	:	3	=	
2	1	:	3	=	
1	8	:	3	=	
1	5	:	3	=	
1	2	:	3	=	
	9	:	3	=	
	6	:	3	=	
	3	:	3	=	

3	6	:	4	=	
3	2	:	4	=	
2	8	:	4	=	
2	4	:	4	=	
2	0	:	4	=	
1	6	:	4	=	
1	2	:	4	=	
	8	:	4	=	
	4	:	4	=	

Keine Angst vor großen Zahlen!

Keine Angst vor großen Zahlen!

**Kopiervorlagen
Divisionsbrett**

4	5	:	5	=	
4	0	:	5	=	
3	5	:	5	=	
3	0	:	5	=	
2	5	:	5	=	
2	0	:	5	=	
1	5	:	5	=	
1	0	:	5	=	
	5	:	5	=	

5	4	:	6	=	
4	8	:	6	=	
4	2	:	6	=	
3	6	:	6	=	
3	0	:	6	=	
2	4	:	6	=	
1	8	:	6	=	
1	2	:	6	=	
	6	:	6	=	

6	3	:	7	=	
5	6	:	7	=	
4	9	:	7	=	
4	2	:	7	=	
3	5	:	7	=	
2	8	:	7	=	
2	1	:	7	=	
1	4	:	7	=	
	7	:	7	=	

7	2	:	8	=	
6	4	:	8	=	
5	6	:	8	=	
4	8	:	8	=	
4	0	:	8	=	
3	2	:	8	=	
2	4	:	8	=	
1	6	:	8	=	
	8	:	8	=	

Keine Angst vor großen Zahlen!

Kopiervorlagen
Divisionsbrett

8	1	:	9	=	
7	2	:	9	=	
6	3	:	9	=	
5	4	:	9	=	
4	5	:	9	=	
3	6	:	9	=	
2	7	:	9	=	
1	8	:	9	=	
	9	:	9	=	

		:		=	
		:		=	
		:		=	
		:		=	
		:		=	
		:		=	
		:		=	
		:		=	
		:		=	

zu verteilen		
	: 9	
	: 8	
	: 7	
	: 6	
	: 5	
	: 4	
	: 3	
	: 2	
	: 1	

V.
Anhang

Literaturverzeichnis und Bezugsquellen

Literaturverzeichnis

Biewer, G.: Montessori-Pädagogik mit geistig behinderten Schülern.
   Bad Heilbrunn / Obb. 1992
Esser, B. / Wilde, Chr.: Montessorischulen. Zu Grundlagen und pädagogischer Praxis.
   Reinbek bei Hamburg 1989
Fischer, R. (Hrsg.): Sprache – Schlüssel zur Welt. Donauwörth 2005
Fisgus Ch. / Kraft, G.: „Hilf mir es selbst zu tun!". Donauwörth 1994
Fisgus Ch. / Kraft, G.: „Morgen wird es wieder schön!". Donauwörth 1996
Hans, M.: Montessoripädagogik und Hörerziehung in: Müller, R.J./Hans, M. (Hrsg.):
   Hörgeschädigte in der Schule, Neuwied 1998
Hellbrügge, T. / Montessori, Mario (Hrsg.): Die Montessoripädagogik und das behinderte Kind.
   München 1978
Holtz, A.: Montessori-Pädagogik und Sprachförderung. Ulm 1994
Montessori, M.: Neue Pädagogik: Prinzip Freiheit – Freie Arbeit. Freiburg im Breisgau 1987
Montessori, M.: Schule des Kindes. Freiburg im Breisgau 1989
Montessori, M.: Psychoarithmetik, Dt. Erstausgabe der spanischen Originalausgabe von 1934,
   hrsg. und übersetzt von Harold Baumann, Thalwil/Zürich (Paeda media) 1989
Montessori, M.: Kinder sind anders. München 7. Auflage 1992
Montessori, M.: Das kreative Kind. Freiburg im Breisgau 10. Auflage 1994
Montessori, R. / Schneider-Henn, K.: Uns drückt keine Schulbank. Stuttgart 1983
Montessori-Vereinigung e.V. (Hrsg.): Montessori Material. Teil 1, Teil 2 und Teil 3.
   Zelhem – Niederlande 1992

Bezugsquellen

AOL-Verlag, Waldstr. 17, 77839 Lichtenau
Auer Verlag, Postfach 1152, 86601 Donauwörth, www.auer-verlag.de
B + B Direktversand, Lern- Spiel-Sport GmbH, Veit-Hirschmann-Straße 12, 73479 Ellwangen
Beenen-Lehrmittel, Issumer Weg 19, 46519 Alpen
Braun Medien, Azaleenweg 26, 40822 Mettmann (Deutscher Vertreter von Nienhuis) *
Elke-Dieck-Verlag, Postfach 1240, 52525 Heinsberg
KATO GmbH, Montessori-Material, Rathenaustr. 21, 14612 Falkensee, www.kato-montessori.com
Labbé GmbH, Versand und Zentrale, Kolpingstr. 4, 50126 Bergheim, www.labbe.de
Neuer Finken Verlag, Postfach 1546, 61440 Oberursel
Nienhuis, Industriepark 14, P.O. Box 16, 7021 Zelham/Niederlande, www.nienhuis.com *
Riedel GmbH, Unter den Linden 15, 72762 Reutlingen *
Sauros-Verlag, Fridolinstraße 45, 50825 Köln
Schubi-Lehrmittel, Hochwaldstraße 18, 78224 Singen
Spectra-Lehrmittel Verlag, Beckenkamp 25, 46286 Dorsten
TMM, Thüringer Montessori-Materialien GmbH, Dörnbachstraße 5, 98544 Zella-Mehlis *
Verlag an der Ruhr, Alexanderstraße 54, 45472 Mülheim/Ruhr
Persen Verlag, Bergedorfer Kopiervorlagen, Dorfstraße 14, 21640 Horneburg

   * Bezugsquellen für Original-Montessori-Materialien

Weitere Informationen zum Montessori-Diplom:

Montessori-Vereinigung e.V., Sitz Aachen, Xantener Str. 99, 50733 Köln, Tel. 0221/7606610